Leonardo Boff
Meditation des Lichts

Leonardo Boff

Meditation des LICHTS

Göttliche Energie mitten im Alltag

Kösel

Aus dem Portugiesischen von Bruno Kern

Mixed Sources
Product group from well-managed
forests and other controlled sources
www.fsc.org Cert no. SA-COC-001819
© 1996 Forest Stewardship Council

Verlagsgruppe Random House FSC-DEU-0100
Das für dieses Buch verwendete FSC-zertifizierte Papier
EOS liefert Salzer Papier, St. Pölten, Austria.

Titel der Originalausgabe:
Meditação da Luz
O caminho da simplicidade
Editora Vozes, Petrópolis 2009
© Leonardo Boff

Copyright © für die deutsche Ausgabe 2010 Kösel-Verlag, München,
in der Verlagsgruppe Random House GmbH
Umschlag: griesbeckdesign, München
Umschlagmotiv: getty images/Tohoku Color Agency
Zeichnungen: Wolfgang Pfau, Baldham
Druck und Bindung: CPI Moravia Books s.r.o., Pohorelice
Printed in Czech Republic
ISBN 978-3-466-37001-6

Weitere Informationen zu diesem Buch und unserem gesamten lieferbaren
Programm finden Sie unter
www.koesel.de

Inhalt

ZUR EINFÜHRUNG

Meditieren ist wie das Atmen der Seele – so einfach und so lebenswichtig zugleich. Leonardo Boff macht uns hier mit einer Weise der Meditation vertraut, die uns allen möglich ist. Man braucht dazu keine Vorkenntnisse, kein esoterisches Geheimwissen und kein aufwendiges langjähriges Training. Ganz einfache Schritte sind es, die uns helfen, zu uns selbst zu kommen, mit der göttlichen Energie in Kontakt zu kommen, die uns durchdringt und umgibt. Mitten im Alltag, bei einem vollen Terminkalender, mitten in Ärger, Sorgen und Stress und in beinahe jeder Situation lassen sich diese Schritte durchführen.

Lebenswichtig ist die Meditation gerade heute, in einer Zeit, in der uns die Banalität unserer Konsumgesellschaft zu ersticken droht, in der wir uns den Mechanismen, die unser Leben bestimmen, hilflos ausgeliefert fühlen und in der die Gefährdetheit des Lebens uns schier verzweifeln lässt. In der Meditation finden wir zurück zum Quellgrund allen Seins, aus dem alles hervorgegangen ist, der alles im Dasein erhält und in dem schließlich alles seine Vollendung findet.

Die Meditation entfremdet uns nicht der Wirklichkeit, ganz im Gegenteil: Der Kontakt mit der kosmischen Energie in uns lässt uns die tiefe Verbunden-

heit aller Seinsformen und Lebewesen miteinander empfinden. Wir erfahren, dass wir dem großen Strom des Lebens als ein Teil angehören. So führt uns die Meditation zu einer neuen Haltung dem anderen gegenüber: zu einer Haltung der wachen Aufmerksamkeit, der Achtsamkeit, der Fürsorge für alles Leben, des Respekts vor dem anderen und des empathischen Einfühlungsvermögens. Sie stärkt die Kräfte der Hoffnung in uns, die uns zu einer neuen, verändernden Lebenspraxis verhilft.

Leonardo Boff schöpft hier aus den großen spirituellen Traditionen der Menschheitsgeschichte. Im Westen wie im Osten kam die unstillbare Sehnsucht des Menschen nach dem Unendlichen vor allem in einer Metapher zum Ausdruck: der Metapher des Lichts. Im Hinduismus und im Buddhismus, bei den großen abendländischen Mystikern, in den Texten der Bibel und anderer großer Religionen stoßen wir immer wieder auf dieses Bild, das wohl besonders geeignet ist, das Göttliche in uns und allen Dingen zu veranschaulichen. Die »Meditation des Lichts«, wie sie Leonardo Boff hier vorschlägt, eignet sich bewusst diese Tradition an. Sie ist kein neuer Modetrend auf dem Esoterikmarkt, sondern greift eine Erfahrung auf, die in der gesamten Menschheitsgeschichte eindrucksvoll bezeugt und tief im kollektiven Unbewussten der Menschheit verankert ist. Wer sich auf diese Meditation des Lichts einlässt, der muss seine

eigene Tradition auch gar nicht verleugnen, im Gegenteil: Gerade weil diese Metapher in allen spirituellen Traditionen eine so große Rolle spielt, können wir an dem anknüpfen, was uns am meisten vertraut ist. So können Christen zum Beispiel aus ihrem reichen Gebets- und Liedschatz schöpfen, um die Meditation des Lichts einzuleiten und das Kommen des Geistes zu erbitten.

Aber können wir uns denn so unbefangen auf diese uralten Menschheitserfahrungen einlassen und sie in unserem Alltag nachvollziehen? Wir sind es doch gewöhnt und es wird von uns gefordert, uns »rational« zu verhalten, allem mit Argwohn zu begegnen, was uns nicht in Form von harten, beweisbaren Fakten begegnet, was sich nicht als »wissenschaftlich« ausweisen kann. Leonardo Boff weist hier darauf hin, dass uns gerade die Naturwissenschaften, wie sie sich in den letzten Jahrzehnten entwickelt haben, eine neue Sichtweise von der Wirklichkeit vermitteln. Die neue Kosmologie war es gerade, die das alte mechanistische und reduktionistische Weltbild überwunden hat und uns neue Dimensionen der Realität erschließt. Die neue Physik, vor allem die Quantenphysik war es, die gezeigt hat, dass sich die Realität nicht »dingfest« machen lässt, dass sie eher als lebendiges Netz von Beziehungen zu verstehen ist denn als undurchdringbare und stumpfe Materie. Und die

Hirnforschung hat gezeigt, welche Rolle der Gottesbezug in der Wahrnehmung des Menschen von der Wirklichkeit und von sich selbst spielt.

Gerade als aufgeklärte abendländische Menschen, die der Welt mit Neugier und Erkenntnisdrang begegnen, können wir die göttliche Dimension des Kosmos, der Evolution und unserer eigenen »Conditio humana« neu entdecken. Leonardo Boff nimmt dieses neue Weltbild und diese neuen Einsichten über die Wirklichkeit mit hinein in seinen Vorschlag der »Meditation des Lichts«. Diese Meditation verlangt uns also keine Art Schizophrenie ab und führt uns nicht weg von dem, was unser Leben sonst noch ausmacht. Sie macht uns empfindsam für die vielschichtigen Dimensionen der Wirklichkeit, der wir als ein Teil angehören und die bis in ihre unscheinbarsten Facetten hinein von der Energie durchdrungen ist, die dem »Quellgrund allen Seins« entspringt. Boffs einfache Vorschläge zur Meditation des Lichts verhelfen uns dazu, das Bewusstsein davon in uns wachzuhalten und uns als einen Teil des großen kosmischen Prozesses zu wissen, an dessen Ende das Leben in Fülle steht.

Bruno Kern

Was ist das innere Leben?

1

Carl Gustav Jung sagt: »Unter allen meinen
Patienten jenseits der Lebensmitte, das heißt
jenseits fünfunddreißig, ist kein einziger, dessen
endgültiges Problem nicht das der religiösen
Einstellung wäre. Ja, jeder krankt in letzter Linie
daran, dass er das verloren hat, was lebendige
Religionen ihren Gläubigen zu allen Zeiten
gegeben haben, und keiner ist wirklich geheilt,
der seine religiöse Einstellung nicht wieder
erreicht, was mit Konfession oder Zugehörigkeit
zu einer Kirche natürlich nichts zu tun hat« (Jung
1991, S. 119). Ich meine, dass diese Feststellung
Jungs völlig richtig ist. Jeder von uns hat diese
spirituelle Dimension. Wir sind es gewohnt, unse-
re Probleme von einem psychologischen, soziolo-
gischen, juridischen und sogar finanziellen
Standpunkt aus zu analysieren. Viele unserer
Ängste und Krankheiten sind die Folge einer
unterentwickelten, blutleeren, entstellten oder
völlig verdrängten spirituellen Dimension.
Es gibt in uns ein heiliges Feuer, das von der
Asche des Konsumismus, des Strebens nach
materiellen Gütern und eines von den wichtigen
Dingen abgelenkten Lebens in Zerstreuung
überdeckt ist. Es kommt darauf an, diese Asche
zu entfernen und die heilige Flamme wieder zu
entfachen. Und dann werden wir ausstrahlen und
wie eine Sonne sein.

LEONARDO BOFF

Bevor wir uns dem Thema des inneren Lebens zuwenden, möchte ich in diesem Kapitel zunächst vier Fragen hervorheben, die sich als Stolpersteine, aber auch als Herausforderungen für das spirituelle Leben erweisen können.

Fragen,
die uns zu denken geben

Oberflächlichkeit versus Innerlichkeit

Was in der Welt von heute vorherrscht, ist zunächst nicht das innere Leben. Dieses erfordert nämlich ein Ausloten der Tiefe. Doch es regiert die Oberflächlichkeit: nicht Interiorität, Innerlichkeit, sondern Exteriorität, das heißt Orientierung nach außen. Die Welt ist ein Universum voller Apparate, sie ist von allerlei Geräusch durchdrungen, von Geschäftigkeit und Sorge erfüllt. Sie besteht aus Rundfunk, Fernsehen, Handy, Internet, sportlichen Ereignissen und Musikevents, aus Shows jeglicher Art bis hin zu Gottesdiensten, die als Shows inszeniert werden. Alles wird immer noch besser, noch schneller, noch kleiner und führt zur bestmöglichen Kommunikation.

Das Erste, was wir Menschen normalerweise machen, wenn wir von der Arbeit nach Hause kommen, ist, die Musik oder den Fernseher einzuschalten, die Nachrichten auf dem Anrufbeantworter des Telefons abzuhören oder ins Internet zu gehen, um E-Mails zu lesen, etwas in unseren Blog zu schreiben oder nach

Themen zu suchen, die uns interessieren oder einfach unterhalten. Oder wir telefonieren noch mit Freunden.

Wie verschafft man sich die Zeit, den Raum und die Bedingungen, um sich selbst zu begegnen und auf das zu hören, was von innen kommt? Ohne hier verallgemeinern zu wollen, so ist die Folge dieser Lebensweise, welche die vorherrschende Kultur ausmacht, nicht selten eine ungeheure Leere, die eine diffuse, undefinierbare Angst, ein Paniksyndrom und ähnliche Symptome entstehen lässt. Ein sensationelles Ereignis folgt auf das andere, und was bleibt, ist die Erkenntnis, dass im Grunde nichts der Mühe wert ist.

Wir sind ständig mit Dingen beschäftigt und werden von einer ganzen Industrie in Beschlag genommen, die von der Werbung, vom Marketing und von der Vermarktung von Produkten lebt, die wir nicht einmal brauchen: Pauschalreisen, neue Erfahrungen und so weiter. Wo bleibt der Mut, uns selbst zu begegnen? Wann nehmen wir uns die Zeit, um eine Reise in unser eigenes Herz zu wagen?

Religion als spektakuläres Ereignis

Die zweite Überlegung betrifft die Rückkehr und Wiederbelebung jeglicher Art von Religion, spirituellen Wegen und der Esoterik: Einerseits gewinnen die

traditionellen Religionen mehr Anhänger beziehungsweise erneuern sich, andererseits entstehen neue Kirchen, Sekten und neue spirituelle beziehungsweise mystische Richtungen. Es gibt mittlerweile keinen alten oder modernen Mystiker mehr, dessen Schriften nicht übersetzt und veröffentlicht wurden. Die unterschiedlichsten esoterischen Lehren sind im Umlauf, und zwar in Gestalt von Ratgeber-Literatur, die angeblich unfehlbare Rezepte bieten kann, um jemanden ohne große Anstrengung glücklich zu machen.

Diese Rückkehr des Religiösen oder Mystischen enthält aber durchaus gute Elemente, denn sie führt dazu, dass die Menschen eine Dimension wiederentdecken, die innerhalb der modernen Welt verschüttet war und die den Sinn des Lebens in sich birgt.

Viele dieser Erfahrungen hat sich jedoch der Markt angeeignet, der aus allem ein Geschäft macht und jede Gelegenheit nutzt, um Profit herauszuschlagen. Die Religion wurde zur Ware. Menschliche Bedürfnisse, das Gefühl der Einsamkeit und Gefährdetheit werden genutzt, um Heilmittel dagegen anzubieten, die unmittelbar und auf wunderbare Weise wirken sollen. Via Fernsehen oder Massenveranstaltungen, wo Abertausende von Menschen zusammenkommen, werden wahrhafte religiöse Spektakel organisiert und berühmte Prediger und Sänger engagiert, die allesamt wahre religiöse Unterhaltungskünstler sind.

Die charismatische Gestalt des Papstes Johannes Paul II. hat der Religion als Spektakel zu Legitimität verholfen. Wohin er auch kam, er mobilisierte stets die Massen. In seinem Kielwasser schufen zahlreiche Gruppierungen der römisch-katholischen Kirche wie die charismatische Bewegung und neue Laienbewegungen für die Evangelisierung Radio- und vor allem Fernsehprogramme, in denen die »Aerobic Gottes« propagiert und starke Symbole verwendet wurden, die die Massen elektrisierten. Auf diesem Gebiet weisen die Ausdrucksformen evangelischer und katholischer Charismatiker verschwindend geringe Unterschiede auf. Im Grunde folgen sie derselben Logik und bedienen sich derselben medialen Inszenierung.

All dies gehört der äußeren Welt an. Es weckt die unterschiedlichsten religiösen Gefühle, doch es hat noch nichts mit dem inneren Leben zu tun. Wo bleibt bei dieser totalen Veräußerlichung die persönliche Begegnung mit Gott? Wo bleibt die Wahrnehmung unserer Verbundenheit mit dem umfassenden Ganzen? Wo bleibt die Gemeinschaft mit allen übrigen Lebewesen und Seinsformen, in denen der Geist ebenso wirkt? Wie treten wir in der Haltung der Achtsamkeit und Verantwortlichkeit mit der Mutter Erde und mit denjenigen ihrer Söhne und Töchter in Beziehung, die am meisten leiden? Hören wir das »Ich« tief im Inneren?

Die Suche nach innerem Frieden und eine gelebte Spiritualität verzichten auf jede Form von Spektakel. Doch wenn wir bei diesen Gelegenheiten eine spirituelle Erfahrung gemacht haben, dann hat diese Bestand, auch wenn das Spektakel bereits vorbei ist! Gottesdienste zu besuchen, an religiösen Events teilzunehmen, vor dem Altar zu singen und zu tanzen – all das macht aber noch keine Spiritualität aus. All das verbleibt noch innerhalb der Sphäre der religiösen Ausdrucksform, eine Kultur im Gegensatz zur lokalen, bestehenden Kultur zu schaffen. Spiritualität hingegen ist die Dimension des zutiefst Menschlichen, das, was wir das »innere Leben« nennen.

Die ernsthafte und durchlittene Suche nach dem inneren Leben

Die dritte Überlegung geht von der Beobachtung aus, dass überall auf der Welt, sozusagen als globales Phänomen, eine aufrichtige, durchlittene Suche nach dem inneren Leben neu entsteht. Menschen treffen sich, um nach dem Sinn des Lebens zu fragen, um das Paradigma unserer konsumistischen Kultur der Kritik zu unterziehen – ein Konsumismus, der soziale Ungerechtigkeiten und Raubbau an der Natur hervorbringt. Menschen treffen sich, um sich die Frage nach dem Schicksal der Menschheit zu stellen, die

heute das Stadium der Globalisierung erreicht hat; sie fragen nach der Zukunft unseres Planeten, der aufgrund der ökologischen Krise und des ungebremst fortschreitenden Klimawandels großen Veränderungen unterworfen ist. Wie kann man die Familie heute, insbesondere nach dem Wegfall der Gestalt des Vaters, neu definieren? Wie kann man beten, meditieren und in Gemeinschaft mit Gott treten?

Ein Weg ist es, Erfahrungen miteinander auszutauschen, sich mit spirituellen Texten aus der großen Überlieferung der Menschheit oder aus jüngerer Zeit zu beschäftigen, einander sein Herz zu öffnen, um Ängste und Erfolge miteinander zu teilen. Gelegentlich bilden sich kleine Wahl- und Schicksalsgemeinschaften ...

Für Menschen, die diesen Weg gehen, sind Spiritualität und inneres Leben von großer Bedeutung. Als Folge dessen entsteht einerseits eine gewisse Distanz zur Welt, eine wachsende Abneigung gegen den Konsumismus und gegen das Streben nach materiellen Gütern. Andererseits kann eine solche Haltung zur Pflege immaterieller Güter wie der Stille, des Gebets, der Meditation, der Musik, der Kunst führen, zur Unterstützung einer humanitären Initiative oder gar zur Teilnahme am Leben einer Not leidenden Gemeinschaft.

Das Entstehen einer kosmischen Spiritualität

Die außergewöhnlichen Fortschritte der Naturwissenschaften, etwa der Quantenphysik, Kosmologie, Genforschung und der transpersonalen Psychologie, haben zu einem neuen Weltbild geführt. Wir haben es nicht mehr mit der in sich geschlossenen und mechanischen Kosmologie zu tun, wie sie von Newton und Galileo Galilei grundgelegt wurde. Das heutige Weltbild basiert vielmehr auf einer dynamischen Sichtweise, die alle Dinge aus einem ungeheuren Evolutionsprozess hervorgehen sieht. Dieser Evolutionsprozess ist voller Energien, Informationen, und vor allem ist er mit einem Sinn ausgestattet.

Wir Menschen sind aus diesem Prozess heraus entstanden. Wir haben den uns eigenen Platz innerhalb der Gesamtheit aller Lebewesen und Seinsformen, und zwar als diejenigen, denen Bewusstsein und Verantwortung für alles, was uns umgibt, zukommt. Die Energien, die im Universum am Werk sind, sind auch in uns selbst wirksam. Sie stellen eine tiefe Verbindung zwischen allen Seinsformen und insbesondere die Gemeinschaft mit dem Ursprungsquell her, aus dem alles entspringt, der alles erhält und der dem gesamten Universum und jedem Einzelnen von uns auf seinem Weg durch diese Welt Orientierung verleiht. Eine solche Weltsicht (Kosmologie) gab der

Entstehung einer kosmischen, ganzheitlichen – das heißt alle Seinsformen in sich umfassenden – Spiritualität Gestalt, die in tiefer Weise das Ganze und den Ursprungsquell allen Seins in sich aufnimmt.

Daraus entspringen eine neue Erfahrung Gottes und ein neues Bewusstsein unseres Platzes im Universum. Wenn wir uns in dieser Weltsicht bewegen, dann bricht das Empfinden hervor, dass wir zu einem umfassenden Ganzen gehören, dann entsteht das Gefühl der Ehrfurcht angesichts der Erhabenheit und Komplexität des Universums und jedes Lebewesens, dann regt sich Dankbarkeit für das Geschenk des Lebens. Diesen Weg wollen wir mit unserer Meditationsmethode besser zur Geltung bringen.

Was ist nun das innere Leben?

Das »Innere« ist, wie wir wissen, das Gegenteil des »Äußeren«. Das Leben hat eine äußere Dimension: Das ist unsere lebendige leibliche Verfasstheit, unsere Gegenwart in der Welt, in der Familie, in der Gemeinschaft und vor den Menschen. Die moderne Kultur hat die Äußerlichkeit mithilfe aller technischen Hilfsmittel und Kommunikationsmittel übermäßig aufgebläht. Die Welt der Menschen wurde völlig veräußerlicht und der Öffentlichkeit preisgegeben.

Doch wenn wir uns nun dem Aspekt der Innerlichkeit zuwenden, so können wir sagen, dass dies genau jener Aspekt ist, den man nicht direkt sieht. Wir können das äußere Erscheinungsbild einer Person kennen, ja sogar davon fasziniert sein: von ihrer Schönheit, ihrer Intelligenz und ihrer Geschicklichkeit ... Viele Menschen verlieben sich und heiraten allein aufgrund der Kenntnis der Erscheinung, des Äußeren.

Um eine Person besser kennenzulernen, müssen wir ihr Inneres in den Blick nehmen: ihren Charakter, ihre guten Eigenschaften, ihre Wesensart, ihre Weltsicht und so weiter. Wenn wir diese innere Seite wahrnehmen, können wir bessere Entscheidungen treffen und angemessenere beziehungsweise gerechtere Urteile fällen.

Das »Innere« hat außerdem die Bedeutung von Lebensqualität. So sagt man zum Beispiel, dass das Leben inmitten der Natur, also auf dem Land, im Gegensatz zum Leben in den Großstädten ruhiger, weniger stressig, stärker gemeinschaftsbezogen und naturverbunden ist. Das heißt im Grunde, es birgt mehr Möglichkeiten in sich, um uns glücklich zu machen. Das Leben ist nicht der Logik der Stadt und ihren technischen sowie bürokratischen Wucherungen, ihrer Geräuschkulisse, ihrem Lärm und ihrer ständigen Bedrohung der eigenen Sicherheit ausgeliefert. Anstelle von »Lebensqualität« spricht man heute lieber vom »guten Leben«. Dieses meint die Integration aller Dimensionen des Menschseins innerhalb der Gemeinschaft, in der jeweiligen Umgebung, in Einklang mit sich selbst und mit Gott.

Schließlich meint das Innere die Tiefendimension des Menschseins. Das innere Leben, die Tiefe der Person, kommt zum Vorschein, wenn der Mensch innehält, wenn er still wird, wenn er in sich hineinhorcht, wenn er ernsthaft nachdenkt, wenn er sich entscheidende Fragen stellt, wie zum Beispiel: Welchen Sinn hat mein Leben? Was mache ich hier? Welchen Sinn hat dieses Universum voller Dinge, Apparate, voller Mühsal und Freude, voller Leid, voller Kämpfe und Siege? Was ist mein Ort unter den übrigen Lebewesen und Seinsformen? Wie kann es mir gelingen, die wechselseitige Abhängigkeit von allen Dingen anzu-

nehmen und mich mit den Energien, welche das Universum und die Erde bilden, in Beziehung zu setzen? Wer verbirgt sich hinter den Sternen? Was kann ich für das Jenseits dieses Lebens erhoffen, da ich schon so viele enge Freunde sterben sah, und dies manchmal in absurder Weise: im Straßenverkehr, durch eine verirrte Kugel, an einer verzehrenden Krankheit? Und schließlich: Warum bin ich auf diesem schönen und gleichwohl so misshandelten Planeten?

Das innere Leben und die Religion

Wer gibt uns Antwort auf diese vielen Fragen? Im Allgemeinen sind es die Religionen, die sich damit beschäftigen. Die Philosophie hat sich von alters her bis heute stets mit solch existenziellen Fragen herumgeschlagen. Die Weisheit der Völker nahm Gestalt an, als sie versuchten, ausgehend von diesen Fragen eine Sicht der Dinge und moralische Lehren zu entwickeln.

Doch ich sage es immer wieder: Es genügt nicht, den Gottesdienst zu besuchen, sich auf eine Spiritualität einzuschwören und sich durch Riten und Symbole erbauen zu lassen, wenn dies alles nicht im Inneren der Person eine Erfahrung von Sinn, ein neues Empfinden, eine lebendige Veränderung bewirkt und einen Sinn für das Ganze hervorruft, dem wir als Teil angehören.

Das innere Leben ist kein Alleinbesitz der Religionen und spirituellen Lehren. Sie kommen erst hinterher. Das innere Leben ist eine Dimension des Menschseins, und deshalb ist es universal. Zu allen Zeiten und in allen Kulturen ist es präsent. In jedem Menschen ist es mehr oder weniger am Werk, selbst wenn dessen Inneres abgestumpft oder unter der Asche einer von der äußeren Welt völlig aufgezehrten Lebensweise verborgen ist. Doch für jeden kommt

der Augenblick, in dem er sich nach dem Sinn des Lebens, nach dem Warum des Leids, nach der möglichen Hoffnung für das Leben über dieses Leben hinaus fragt. Selbst die heiligen Schriften der großen Religionen – der jüdisch-christlichen Tradition, des Islams, der Veden und so weiter – haben das innere Leben ihrer jeweiligen Propheten, Mystiker, Charismatiker, Priester, Heiligen, Denker und der einfachen Leute aus dem Volk zur Grundlage. Sie bleiben lebendig und wirkmächtig, weil die Gläubigen nicht nur den Gottesdienst besuchen, sondern vielmehr das innere Leben pflegen.

Die Religionen erfüllen ihre Aufgabe dann, wenn sie das innere Leben ihrer Gläubigen erwecken und fördern, doch sie sind kein Ersatz dafür. Die große pathologische Entwicklung, die in wichtigen Teilen der Religionen und Kirchen zu beobachten ist, besteht darin, *dass sie sich selbst zum Zweck machen*, während sie doch nur Instrumente für das innere Leben sind und ihm Raum geben sollen. Die Religionen entfremden sich ihrem Wesen und pervertieren, wenn sie ihre Gläubigen mit Lehrinhalten, Riten und Geboten füttern und in ihnen nicht die Voraussetzungen für eine persönliche Begegnung mit Gott schaffen, indem sie sich auf den Weg in das Innere, zum Herzen machen. Die Religionen können eine große Versklavung darstellen, die im Fundamentalismus und im religiös begründeten Terrorismus ihr Wesen offenbart.

Doch das innere Leben ist auch stets das große Heilmittel gegen die Irrwege der Religionen. Die Innerlichkeit ist es, die die Religionen und die spirituellen Wege am Leben erhält, die sie erneuert und ihnen einen Sinn für das Zeitgemäße verleiht. Deshalb muss das innere Leben auch über die Religionen hinausgehen und zu der Quelle vordringen, aus der sie entspringen.

Inneres Leben setzt voraus, dass man auf die Stimmen hört, die die Wirklichkeit vernehmen lässt, die aus dem Universum in unsere Köpfe dringen. Universum wird hier in seiner Komplexität und Ordnung verstanden, die im Leben in all seinen Formen ihren höchsten Ausdruck erreichen. Das innere Leben entspringt der Aufmerksamkeit auf die Bewegungen, die aus dem Inneren kommen. Es gibt ein Tiefen-Ich voller Sehnsüchte, Träume, Utopien, das sich im Bewusstsein bemerkbar macht. Es gibt einen ethischen Anruf, der uns zum Guten hinlockt – nicht zu dem bloß für uns Guten, sondern zu dem, was für die anderen gut ist.

Wir stellen uns die Frage nach unserer Verantwortung gegenüber denen, die uns nahestehen, und gegenüber jedem Menschen, der in unser Gesichtsfeld tritt. Und besonders heute fragen wir: Welche Achtsamkeit müssen wir entwickeln, um das bedrohte Leben zu erhalten und die Vitalität der Mutter Erde zu bewahren?

Es gibt eine Gegenwart, die sich uns erschließt und die größer ist als unser Bewusstsein. Eine Gegenwart, die von dem spricht, was wirklich zählt in unserem Leben, von dem, was entscheidend ist und was an niemand anderen delegiert werden kann. *Gott* lautet ein anderer Name für diese Erfahrung. Das Wort »Gott« hat nur dann einen echten Sinn, wenn es uns in unserem Inneren berührt, wenn es »etwas« ist, das unser unermüdliches Streben zur Ruhe kommen lässt und uns einen heiteren Frieden bringt – den Frieden des tiefen Meeres unter der von den Wellen aufgewühlten Oberfläche.

Ich kann mit dieser Gegenwart Zwiegespräch halten. Ich kann sie bitten. Ich kann vor ihr weinen und die allzu vielen Absurditäten des Lebens beklagen, denen, wie einem Tsunami, Tausende unschuldiger Menschen zum Opfer fallen. Ich kann einfach schweigen und die Gegenwart spüren. Ich kann ihr Dank sagen. Ich kann in Anbetung versinken. Ich kann diesem Größeren mein Leben und Schicksal übergeben, diesen Raum kultivieren und von innerem Leben erfüllt sein.

Das innere Leben:
Die vergessene Dimension der Menschheit

Das innere Leben ist zurzeit die vergessene Dimension der Menschheit. Es kommt darauf an, sie wieder zur Geltung zu bringen, denn sie enthält das Geheimnis des Glücks, der Verantwortung gegenüber allem Leben und des achtsamen Umgangs mit allen Dingen. Sie ist das Heilige in uns, das uns das Gefühl für Würde, Respekt und Ehrfurcht verleiht.

Die unmittelbarste Wirkung dieses inneren Lebens sind Friede und Heiterkeit. Das sind Kräfte, die es uns ermöglichen, die alltäglichen Probleme des Lebens in Angriff zu nehmen, ohne dabei den Kopf zu verlieren oder allzu sehr dem Stress zu unterliegen. Sie bilden eine Atmosphäre der Sinngebung, die den Menschen erhält, auch angesichts von tragischen Ereignissen und Enttäuschungen. Dies ist es, was dem Leben Gewicht und Dichte verleiht. Wenn man sein eigenes inneres Leben beständig kultiviert, dann führt das zu einer Ausstrahlung auf die anderen Menschen, und als Wirkung stellen sich ruhige Gelassenheit und Friede ein. Die Leute fühlen sich bei den Menschen wohl, die über ein inneres Leben verfügen, und finden bei ihnen Geborgenheit.

Ohne diese tiefe Innerlichkeit erliegen wir den Täuschungen der äußerlichen Welt und geraten von einer Frustration in die nächste. Mithilfe des inneren Lebens können wir alle Dinge souverän als Mittel zum Zweck benutzen, ohne von ihnen versklavt zu werden, und Dankbarkeit für das größte Geschenk empfinden, das wir erhoffen können: die innere Freiheit. Als freie Menschen können wir kreativ sein, familiäre und gesellschaftliche Fesseln überwinden und aus allen Erfahrungen, die wir durchmachen, in lauterer Absicht Nutzen ziehen. Es ist uns möglich, unser eigenes Leben zu gestalten und unser Geschick in die Hand zu nehmen. Frei sein bedeutet, im vollen Sinne Person zu sein, das heißt ein Knotenpunkt innerhalb des Beziehungsgeflechts mit allen Dingen. Frei sein heißt, sich selbst zu Gott emporzuheben, denn wir spüren, dass wir seine Söhne und Töchter sind, dass wir uns als solche der Freude und nicht der Notwendigkeit verdanken.

Über ein inneres Leben zu verfügen heißt, wie man weiß und wie es immer wieder betont wird, nicht mehr einsam zu sein. Die Einsamkeit ist einer der größten Feinde des Menschen. Denn sie trennt ihn vom universalen Wurzelgrund, sie gibt ihm das Gefühl der Verlassenheit und lässt ihn die Hölle durchleben. Das innere Leben dagegen ist die Vorwegnahme des Himmels mit all seinen herrlichen Freuden.

Es gibt viele Wege und Methoden, um ein solches inneres Leben zu pflegen, und die Menschheit hat in dieser Hinsicht einen wahren Reichtum zu bieten. Es liegt an uns, diese Wege auszuloten und sie, soweit wir können und wollen, zu beschreiten.

Ich wage es hier, einen dieser Wege vorzustellen, einen, der uns allen möglich ist und der gerade in unserer Zeit der Beschleunigung und Zerstreuung geeignet ist. Es ist die Meditation des höchsten Lichts, der Weg der Einfachheit. Dieses Licht, das aus dem tiefsten Inneren des Universums oder dem Herzen Gottes selbst hervorgeht, durchdringt uns, erleuchtet uns, wärmt uns und bringt Heiterkeit, Frieden und Lebensfreude hervor. Es verleiht uns das Gespür dafür, dass wir in »Gottes geöffneter Hand« leben.

Zulassen, dass Gott sich zeigt!
Dass er sich selber ankündigt.
Dass mein Geist stets wach sei,
im Gehen und Kommen und ziellosen Wandern.

Dass Sehnsucht und Erwartung
mich nicht hindern,
in Demut auf ihn zu lauschen
und ihn mit reinem Geist und schlichtem Herzen
von überall her aufzunehmen.

Dass sich das Geheimnis ohne Grund verschenkt,
das möge meinen Willen besiegen, es zu ergreifen.
Dass ich mich daran erquicke,
dass er mich hat, wenn ich ihn verliere.

LEONARDO BOFF

Der Ursprungsquell aller Energie und die menschlichen Energien

2

*Wenn es erlaubt ist, ein geheiligtes Wort leicht
abzuändern, dann würden wir sagen, dass nicht
das Erscheinen, sondern das Durchscheinen
Gottes im Universum das große Geheimnis des
Christentums sei. Oja, Herr, nicht nur der Strahl,
der durchdringt. Nicht Deine Epiphanie, Jesus,
sondern Deine Diaphanie.*

Pierre Teilhard de Chardin

*Im Laufe meines Lebens und durch mein Leben
hat sich die Welt für mich nach und nach erhellt,
entzündet, bis sie um mich herum völlig von
innen her erleuchtet war ... Dies habe ich im
Kontakt mit der Erde erfahren: die Diaphanie,
das Durchscheinen des Göttlichen im Herzen
eines Universums, das glühend geworden war ...*

Pierre Teilhard de Chardin

Damit die Meditation des Lichts ihre Wirkung besser entfalten kann und so der Dynamik des Universums und des eigenen inneren Lebens mehr entspricht, möchte ich hier einige Daten über die Wirklichkeit wiedergeben, wie sie uns die moderne Kosmologie und die östliche Weisheit liefern. Ich werde dabei zwei Themen ansprechen: zum einen den Ursprungsquell der universalen Energie und zum anderen dessen Manifestation in den Energien des Menschen. In Bezug auf Letztere spreche ich von Energiezentren oder *Chakras*. Dieser Ausdruck wurde innerhalb der alten Anthropologie der indischen Veden geprägt.

Die universale Energie des Kosmos

Innerhalb der Gemeinschaft der Wissenschaftler besteht heute weitgehend Konsens darüber, dass unser Universum vor 13,7 Milliarden Jahren aus einem in höchstem Maß von Chaos geprägten Ereignis hervorging: einer unvorstellbaren Explosion, die man auch Urknall (engl. *big bang*) nennt.[*] Mit diesem Urknall breiteten sich die ursprüngliche Energie, die Materie und die Information aus. Auf diese Weise entstanden Raum und Zeit; es bildeten sich die Galaxien, die Sterne, die Planeten und alle übrigen Seinsformen, auch das Leben und wir selbst, die Menschen. Einst waren wir alle in diesem unvorstellbar winzigen Punkt vereint, der abertausendfach kleiner war als ein Stecknadelkopf. *Deshalb gibt es eine dauerhafte Verbindung von allem mit allem.*

In dem Maß, in dem sich das Universum ausdehnte, wurde es auch selbstschöpferisch und regulierte sich selbst in immer komplexeren Systemen. Alle sind wechselseitig aufeinander bezogen und mit den vier Grundkräften verbunden, die alle Dinge erhalten und es möglich machen, dass sie sich ständig

---

[*]   Die Geschichte des Kosmos und des Lebens habe ich ausführlicher dargestellt in: Boff 2010, S. 15–35.

entwickeln: die Gravitation, die elektromagnetische Kraft, die schwache und die starke Kernkraft.

Je mehr die Evolution voranschreitet, desto mehr rollt sie sich in sich selbst ein und lässt aus sich heraus immer komplexere und stärker organisierte Systeme entstehen. Innerhalb dieser Dynamik nimmt die Innerlichkeit, die Interiorität, zu. Sie ist die Grundlage für Bewusstsein und Sinn. Schließlich bricht daraus eine in höchstem Maße komplexe Seinsform hervor: das Leben. Vor 3,8 Milliarden Jahren trat es auf den Plan. Und sozusagen als ein »Unterkapitel« des Lebens entstand das bewusste und intelligente menschliche Leben.

Die Kosmologen behaupten, dass es ursprünglich, noch vor allem, was existiert, das sogenannte Quantenvakuum gegeben habe. Möglicherweise ist dies nicht die angemessenste Bezeichnung, denn es handelt sich um einen grenzenlosen und unauslotbaren Ozean, der von Energien durchdrungen ist. Aus ihm ging alles hervor: die subatomaren Teilchen wie die Top-Quarks, die Protonen, die Elektronen, die Neutronen und etliche andere. Der winzige Punkt selbst, der im Urknall explodierte, ist eine Verdichtung von Energie, die aus dem Quantenvakuum hervorquoll.

Einige dieser Seinsweisen kollabieren, das heißt sie konsolidieren sich und gewinnen dauerhaften Bestand. Andere kehren dorthin zurück, wo sie hergekommen sind. Und so geschieht es in steter Folge,

innerhalb einer unvorstellbaren Dynamik von Seinsformen, die entstehen und vergehen.

Da es um die universale Energie geht, ziehen
viele es vor, diese nicht Quantenvakuum zu nennen,
sondern »nährender Abgrund von allem« oder »Ursprungsquell allen Seins«. Ich persönlich gebe dieser
letzten Formulierung den Vorzug, da sie die eingän-
gigste und fruchtbarste ist und da sie ein anderer
Name für Gott ist.

Diese Energie ist stets vorhanden und dauerhaft
im Universum am Werk. Sie liegt allem Seienden zugrunde, hält es in seinem Dasein und ermöglicht seine Entwicklung in Koevolution, zusammen mit allen
übrigen Seinsformen.

Diese Energie ist mit Sinn erfüllt, denn sie organisierte alle Elemente auf so subtile und fein ausbalan-
cierte Weise in winzigen Bruchteilen von Sekunden,
dass sie die Entstehung des Universums so, wie es
sich heute darstellt, ermöglichte. Wenn zum Beispiel
in den ersten Augenblicken nach dem Urknall die
Gravitation nur ein wenig stärker gewesen wäre, hätte sie alle Elemente an sich gezogen, und diese wären
explodiert. Auf diese Weise hätte es keine Ausdehnung und keine Entstehung des Universums gegeben.
Wenn die Gravitation hingegen sehr schwach gewesen wäre, hätten sich alle Elemente rasch ausgedehnt;
sie hätten sich nicht verdichtet und hätten so weder
Sterne noch Sonnen, weder die Erde noch uns Men-

schen hervorgebracht. *Uns gäbe es nicht.* Doch alles war so aufeinander abgestimmt, dass es zur Tatsache unserer Existenz führte – zur Existenz von Wesen, die nun hier sind und über dies alles nachdenken. Wenn es auch nur ein wenig anders gewesen wäre, wären wir nicht hier.

Für die Religionen, auch für das Christentum, ist diese ursprüngliche Energie der Schöpfergeist. Er erfüllt das Universum, spendet allen Wesen seine Lebenskraft und wirkt in jedem Einzelnen. Er ist eine Kraft der Liebe, der Gemeinschaft und der Einheit. Deshalb haben alle Wesen ihre Wurzeln im Geist und in der Gemeinschaft untereinander. Alles lebt innerhalb eines höchst komplexen Beziehungsgeflechts. Niemand lebt außerhalb davon. Aus diesem Grund existieren alle Seinsformen, auch die voneinander höchst verschiedenen und weit voneinander entfernten, in wechselseitiger Abhängigkeit. Wir sind Geschwister, denn wir entstammen alle demselben fruchtbaren Mutterleib von allem.

Heute wissen wir, dass alle Lebewesen – angefangen vom unscheinbarsten Bakterium über die großen Dinosaurier, die Pferde, den Kolibri bis hin zum Menschen selbst – im Grunde den gleichen genetischen Code aufweisen. Wir sind aus denselben kleinen Bausteinen, den zwanzig Aminosäuren und den vier Basen (Adenin, Thymin, Guanin, Cytosin) zusammengesetzt, welche die verschiedenen Kombi-

nationen der Aminosäuren ermöglichen. Dies bestätigt das, was bereits Franziskus von Assisi spürte: Wir sind alle Geschwister, Geschwister des Baumes, der Schwalbe, der Katze und aller anderen Menschen. Wir bilden zusammen die große Kette des Lebens, in der wir selbst ein Glied sind.

Weil das Universum sinnerfüllt und nicht chaotisch ist, nennt man es *Kosmos*, das heißt eine »kosmetische«, schöne, symphonische und ausstrahlende Wirklichkeit. So wie alles einem anfänglichen Chaos entspringt, ist dieses Chaos ein steter Begleiter der Evolution. Doch der Ursprungsquell vermag das Chaos in etwas Konstruktives und Schöpferisches zu verwandeln. Der Mensch hat an dieser Grundsituation teil; er trägt das Chaos und den Kosmos gleichermaßen in sich. Deshalb erweist er sich zugleich als weise und töricht (als *Homo sapiens* und *demens*). Ihm kommen helle und dunkle Dimensionen zu. Seine *dia-bolische* Seite trennt und seine *sym-bolische* Seite vereint.* Indem er die helle Seite stärkt, gelingt es ihm, die zerstörerische Kraft der dunklen Seite in Zaum zu halten.

Der Pfeil der Zeit weist nach vorne und nach oben, die Stufenleiter der Evolution schreitet zu im-

---

* Diabolisch kommt vom griechischen Verb *diaballein;* es meint wörtlich übersetzt »durcheinanderwerfen«; symbolisch kommt vom Verb *symballein;* es meint »zusammenfügen«.

mer komplexeren, geordneteren, mit immer höherem Bewusstsein, Intelligenz, Fähigkeit zu Gemeinschaft und Liebe ausgestatteten Formen empor.

Die universale Energie, die den Kosmos schafft und dauerhaft erhält, ist stets verfügbar. Sie wird uns in dem Maß, in dem wir sie anrufen, mit ihr in Dialog treten, in je größerer Intensität zuteil. Wenn wir mit dieser Energie in eine Gemeinschaft der Liebe eintreten, dann fühlen wir uns von ihr durchdrungen. Obwohl sie uns nie abhandenkommt, ist es wichtig, sie anzurufen, damit der Sinn unseres Lebens und das letzte Ziel aller Dinge offenbar werden und umso stärker zur Geltung kommen. Die Wirkung der Gemeinschaft mit dem Ursprungsquell allen Seins ist die Erfahrung der Schönheit, des Verzaubertseins und der Ehrfurcht angesichts der Heiligkeit des Lebens und eines jeden einzelnen Wesens.

Jedes Wesen offenbart die Gegenwart der universalen Energie. Jedes muss weiterexistieren, denn es offenbart einzigartige Dimensionen dieser universalen Energie.

Wie tröstlich ist es, uns in diese Quelle eingetaucht zu spüren, die stetig Energie, Dynamik und Leben für jeden Einzelnen von uns und für jedes Lebewesen – unsere Weggefährten in diesem Abenteuer im Universum und auf der Erde – hervorströmen lässt! Wir sind gleichsam von einer unermesslich großen Blase umgeben, die von jeglicher Art Energie

und Information erfüllt ist und die sich unaufhaltsam ausdehnt. Es ist das, was der Paläontologe und Mystiker Pierre Teilhard de Chardin den »Göttlichen Bereich« (frz. *le milieu divin*) nannte, in dem wir sind, atmen, uns entfalten und uns zusammen mit anderen fortentwickeln (vgl. Teilhard de Chardin 1962).

Der buddhistische Taoismus nennt diese universale Energie das *Tao,* das in allen Wesen gegenwärtig ist und sie zugleich übersteigt. Es ist schwer, zu definieren, was das Tao letztlich ist. Wörtlich übersetzt heißt es »Weg«. In einem tieferen Sinne aber meint es die geheimnisvolle Kraft, die einen Weg erschließt. Und jedes Wesen hat seinen Weg und verdankt sich dem Tao.

So verleiht das Tao allem Ursprung, ohne selbst einen Ursprung zu haben. Es ermöglicht jegliche Rede, doch es selbst kann nicht ausgesprochen werden. Jedes Wesen verfügt über eine einzigartige Gegenwart des Tao, ohne dass dieses aufhören würde, universal zu sein.

Die hinduistische Tradition, insbesondere die des Hatha-Yoga, nennt die universale Energie *Brahman.* Dieses Sanskrit-Wort bedeutet »Atmen des Kosmos«: Es ist die universale Energie, die alle Wesen durchdringt und die sich uns Lebewesen in der Atmung und in der Bewegung zeigt.

Die älteste hinduistische Tradition nennt sie *Kundalini,* ein Sanskrit-Wort, das so viel bedeutet

wie »die sich schlängelnde Flamme«. Alles ging ja, wohlgemerkt, aus einem ungeheuren ursprünglichen Feuer, dem Urknall, hervor. Wir selbst leben von dem für unsere Erde so unverzichtbaren Feuer der Sonne und der Sterne. Die Erde umschließt in ihrem Kern eine feurige Flüssigkeit, die ständig glüht und von Zeit zu Zeit in einem Vulkanausbruch hervorbricht. Auch wir Menschen, Männer wie Frauen, sitzen auf einem glühenden Ofen. Es ist die Kundalini, deren Feuer sich wie eine Schlange hin- und herbewegt (daher kommt auch der Name) und die Wirbelsäule emporsteigt, das Leben erfrischt und stärkt und besonders an den Energiepunkten verweilt, die Chakras genannt werden, damit diese aktiviert werden.

Es handelt sich hierbei also um die Gegenwart der universalen Energie in Gestalt der Energie dieses »Feuers«, der Kundalini, die nicht nur das gesamte Universum erfüllt, sondern auch im Menschen am unteren Ende der Wirbelsäule wie in sich zusammengerollt zu finden ist.

Hier verweilt sie passiv und wartet darauf, erweckt zu werden, um dann ihren Aufstieg entlang der Wirbelsäule zu beginnen. Im Zuge dieser Aufstiegsbewegung aktiviert sie die vitalen Zentren, vergeistigt jeden Teil des Menschen, bis sie ihm schließlich eine Erfahrung der Gemeinschaft mit dem Ganzen zuteilwerden lässt; wenn sie die Höhe des Kopfes erreicht, wo sich die Zirbeldrüse befindet, ermöglicht sie uns

eine Erfahrung der Nicht-Dualität und der engen Zugehörigkeit zum Geist. Von dort aus erreicht sie von Neuem das Universum, ihren natürlichen Ort.

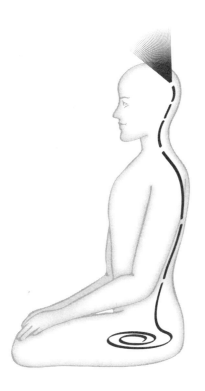

Die sieben Energiezentren
im Menschen: Die Chakras

Sobald die universale Energie, die Kundalini, einmal erweckt ist, beginnt sie, die sieben Energiezentren zu durchlaufen, die es im Körper gibt und die ihm seine Gesundheit und Vitalität sichern. Diese Lebenszentren bilden die Chakras. Das Sanskrit-Wort *Chakra* bedeutet »Kreis« oder »Rad«. Die Chakras befinden sich ständig in Rotation und wollen damit das Rad des Lebens oder den »Kreislauf« darstellen, der die Dynamik der Energien überträgt. Es handelt sich um Kraftzentren, Energiewirbel, Punkte, an denen sich das Leibliche und das Geistige gegenseitig durchdringen.

Die Chakras kommen symbolisch in der Lotosblüte mit ihren unterschiedlichen Blütenblättern zum Ausdruck, die in bestimmten Abständen aus einem gemeinsamen Stängel – der Kundalini am unteren Ende der Wirbelsäule, dem Steißbein – hervorsprießen.

Die Chakras werden von der Kundalini aufgesucht, die sie aktiviert, um eine einzigartige Erfahrung hervorzurufen. In dem Maß, in dem die Kundalini die Wirbelsäule gleichsam wie eine glühende Flüssigkeit und eine sich schlängelnde Flamme emporsteigt und die Lebenszentren, Chakras, durchdringt, öffnet sich das Bewusstsein, bis es eintaucht in das Ganze,

in eine Erfahrung der Gemeinschaft, der Verschmel-
zung und der höchsten Glückseligkeit.

Die Aktivierung der Chakras hat auch eine thera-
peutische Funktion. Die Lebensenergien werden gestärkt, indem der gesunde Teil den kranken Teil heilt.

Wir haben bereits erläutert, dass der Mensch zugleich das Chaos und den Kosmos in sich beherbergt, Licht und Dunkelheit, Weisheit (Sinn, Ideen) und Torheit (Übertreibung und Bosheit). Die Kundalini gleicht solche Energien aus, sie stärkt die positiven Energien und hält die negativen unter Kontrolle. Werfen wir einen kurzen Blick auf jedes einzelne dieser sieben Lebenszentren (siehe Abbildung, S. 48).

Das erste Energiezentrum, das *basale Chakra*, liegt im Bereich des *Steißbeins*. Es befindet sich zwischen Anus und Penis beziehungsweise Vagina. Hier konzentriert sich die universale Energie der Kundalini und ist, metaphorisch gesprochen, in sich selbst eingerollt. Im Normalfall stellt sie sich als eine von Asche bedeckte Glut dar, scheinbar unbeweglich und erloschen. In Wahrheit aber ist sie lebendig wie eine feurige Flüssigkeit und wartet nur darauf, aktiviert zu werden. Dieses Chakra zeigt sich in Gestalt einer Scheibe von rötlich-orangem Licht.

Das zweite Energiezentrum oder Chakra ist das des *Kreuzbeins*. Es steht mit den Geschlechtsorganen und dem gesamten Urogenitalsystem in Verbindung. Es hat seinen Ort an der Wurzel der Genitalien und bildet den Ursprung der genitalen Sexualität und der Fortpflanzung des Menschen. Hier gibt es eine machtvolle Konzentration der universalen Energie, die wie eine Sonne leuchtet und die Farben des Lichtspektrums aufweist: Rot, Orange, Gelb,

Grün, Blau und Violett. Wenn der Mensch eine bestimmte Stufe seiner Entwicklung nicht erreicht hat, auf der er starke moralische Werte herausbildet, um dieses Chakra zu integrieren und zu beherrschen, und sich stattdessen seiner Wollust hingibt, dem Chakra nicht den Weg zu den anderen Chakras öffnet, so kann er von diesem Chakra versklavt werden. Er wird zum Satyr, zu einem Sexbesessenen, und schließlich krank.

Das dritte Chakra ist das solare oder das des *Bauchnabels,* es wird auch das Chakra des Solarplexus, des *Sonnengeflechts,* genannt. Zu ihm gehören auch Leber und Magen. Es ist das physische Zentrum des menschlichen Körpers. Man nimmt an, dass der Bauchnabel ein besonderer Ort für den Eintritt der universalen Energie ist und sie auch ausstrahlt. Über ihn sind wir wie durch eine Nabelschnur mit dem ganzen Universum und seinen Energien verbunden. Die vorherrschende Farbe besteht aus einer einzigartigen Verbindung von Rot und Grün.

Das vierte Energiezentrum oder Chakra ist das des *Herzens.* Seine Farbe ist golden. Sein Pulsschlag mündet in den Rhythmus des Universums selbst. Es ist der Sitz der kosmischen Harmonie, Güte und Liebe. Das Herz ist der Ort der guten Gefühle, der moralischen, ethischen und spirituellen Werte.

Das fünfte Energiezentrum beziehungsweise Chakra ist das des *Schlundes.* Es beherrscht die At-

mung, mit der wir die universale Energie aufnehmen können. Unser Atem lässt sie durch unsere Lungen und durch unser Blut strömen, um sie dann wieder dem Universum zurückzugeben. Er ermöglicht eine Kommunikation mit allen Lebewesen, die atmen. Die Farbe des Atems ist silbrig, ähnlich dem Mondlicht, das auf einen See fällt.

Das sechste Chakra ist das der *Stirn*. Es hat seinen Sitz zwischen den Augenbrauen und wird auch das *dritte Auge* genannt. Es ist der Sitz der Intelligenz in ihrer höchsten Ausprägung, die es ermöglicht, hinter die oberflächliche Erscheinung zu schauen, Botschaften aufzunehmen, die von allen Seiten auf uns einströmen, und erhellende Einsichten zu haben. Dieses Chakra erweitert das Bewusstsein und vermittelt das Gefühl großer Freiheit. Seine Farbe ist weiß wie die Milch.

Das siebte Energiezentrum ist das des *Kopfes*. Es wird auch *kranzförmiges Chakra* genannt, denn es zeigt sich in Form eines Kranzes von goldenem Licht, wie der Heiligenschein. Im Osten wird der Buddha zum Beispiel mit einer Beule oder einer erhabenen Stelle am Kopf dargestellt. Im alten Ägypten wurde dieses Chakra in Gestalt einer Schlange symbolisiert, die aus dem Kopf des Pharaos hervorkam.

In diesem Chakra konzentriert sich die universale Energie am stärksten. Diese kontrolliert von hier aus alle anderen Chakras. Wem es gelingt, das Cha-

kra des Hauptes völlig zu aktivieren, der empfängt die höchste Erscheinungsweise der Kundalini. Er erreicht den höchsten Grad des Bewusstseins, das kosmische Bewusstsein, und vereint sich auf geheimnisvolle Weise mit dem Ursprungsquell allen Seins, bis es keine Dualität mehr gibt, sondern nur noch eine einzige dynamische Energie. Es ist das Stadium des *Satori* oder der Ekstase. Die indischen Yogis sagen, dieses Chakra würde leuchten wie zehn Millionen Sonnen zusammen.

Wenn wir dieses letzte Chakra erreichen, so ist das das Ergebnis eines lebenslangen Weges, auf dem die positiven Energien aller übrigen Energiezentren aktiviert wurden. Der Mensch vergeistigt sich, und sein Bewusstsein fühlt sich so vereint mit dem ganzen Kosmos, als sei dieser seine eigene Wohnstatt.

Um die menschlichen Energien zu ihrer vollen Entfaltung zu bringen, muss jeder Mensch alle seine Chakras aktivieren und verstärken – die einen mehr, die anderen weniger –, und zwar so, dass das Leben harmonisch und von einem heiteren Frieden bestimmt wird. Wer sich nur auf eines der Chakras beschränkt, verhindert, dass die universale Energie fließt und durch den ganzen Körper strömen kann. Dann schadet man sich selbst und ist zum Dasein einer Knospe verurteilt, die nie aufspringt.

Exkurs: Die Kundalini und die menschliche Sexualität

Kundalini, die kosmische Schlange, ist das Symbol der kosmischen Energie, die sich auch in der Sexualität manifestiert.* Das zweite Chakra ist auch das der Sexualität. Sigmund Freud, der Begründer der Psychoanalyse, hat sich vor allem mit dieser Dimension beschäftigt. Deshalb ist seine gesamte Psychologie, so genial sie auch sein mag – ist er doch einer der Gründerväter auf diesem Wissensgebiet –, reichlich beschränkt, allzu sehr auf den Phallus und auf die Vaterfigur ausgerichtet.

C.G. Jung widersetzte sich Freud und behauptete, die erste Erfahrung mache das Kind nicht mit dem Vater, sondern mit der Mutter. Wir sind viel stärker auf die Mutter als auf den Vater zentriert, denn durch unsere Nabelschnur waren wir von der Empfängnis an mit der Mutter verbunden. Der Vater kommt erst in einer späteren Phase dazu. Freud verabscheute seine Mutter, ertrug die Sexualität mehr schlecht als recht und hatte ab Anfang 40 keine sexuellen Beziehungen mehr. Jung hatte dieses Problem nicht. Deshalb entwickelte er eine andere Art von Psychologie. Meiner

---

*   Diesen Zusammenhang zwischen Kundalini und Sexualität habe ich zuerst dargestellt in: Boff/Frei Betto 1994, S. 134–135.

Meinung nach bietet er uns ein breiteres Spektrum. Doch da unsere Kultur auf die Genitalität fixiert ist und es in dieser Hinsicht fast schon eine kollektive Verirrung gibt, ist Freud objektiv und für die Korrektur und Heilung entscheidend. Doch wenn ich es mit einem Orientalen, einem Afrikaner oder einem Indio zu tun habe, die dieses Problem nicht haben, und sie an Freud heranführe, dann schade ich ihrem Geist.

Es gibt keinen Widerspruch zwischen der Kundalini als kosmischer Energie und der Freud'schen Sexualtheorie. Letztere beschränkt sich lediglich auf eine bestimmte Phase der Kundalini, die genitale Phase. Die Yoga-Mystiker, die sich viel mit den Chakras beschäftigen, sagen: Eine echte Liebeserfahrung hat ihre genitale Dimension, aber wenn sie sich auf diese Dimension beschränkt, dann bleibt sie allzu sehr verkürzt. Sie muss die sieben Chakras durchlaufen und bis zum inneren Empfinden, der Erfahrung von Sinn, zur Erleuchtung vordringen, die die kosmische Dimension der Liebe umfasst. Wem es gelingt, die sieben Chakras zu aktivieren, der erfährt die umfassende Ganzheit der menschlichen Libido.

Unsere Kultur kennt keine Erfahrung von Sexualität im Sinne einer ontologischen Dimension, die unser ganzes Wesen durchdringt. Sie kennt nur eine genitale Erfahrung, das Abreagieren einer Spannung, und sonst nichts. Sie macht aus der Sexualität keine mystische Erfahrung der Totalität des menschlichen

Wesens als Frau beziehungsweise Mann. Als solche verstanden weist die Sexualität die Dimension der Subjektivität, des Denkens, der Intimität, der Transzendenz und eben auch der mystischen Erfahrung auf. Alle Mystiker feiern die Begegnung mit Gott als großes Festmahl oder als Liebesbund: vom Hohelied der Liebe angefangen bis zu Johannes vom Kreuz und Teresa von Avila. Der heilige Bonaventura spricht sogar von Orgasmus. Diese Mystiker haben nämlich tatsächlich in ihrer Begegnung mit Gott so etwas erfahren.

Die Erfahrung der Liebe, die sich zwischen zwei Menschen ereignet, wird der ganzen Welt angeboten. Die Natur verwehrt es niemandem, eine Erfahrung der Transzendenz, der Begegnung mit Gott, der Intimität und der Liebe als eine kosmische und mystische Erfahrung zu machen. Alle durchschreiten diesen Weg, auch die zölibatär lebenden Menschen. Jung sagte, wenn diese auch keine Nachkommenschaft zeugen würden, so hätten sie doch eine kosmische Geburt, würden sich selbst zeugen. Deshalb ist das Keuschheitsgelübde, wenn es recht verstanden wird, kein Gelübde gegen die Liebe; im Gegenteil, es meint die Liebe in Überfülle. Es stellt deshalb eine Herausforderung dar, eine Lebensweise zu wählen, die Sexualität auf andere Weise lebt, und zwar in einer Dimension, die über die Genitalität hinausgeht.

Die glückliche Stunde ist gekommen!
Vorbei sind Angst und Traurigkeit,
wie in die Flucht geschlagen.
Und von außen sehe ich das Geheimnis.
Eine Lichtung tut sich auf,
und eine Straße wird frei.
Es gibt keine Zeit mehr, nur noch das Jetzt.

Geheimnis – berührt und empfunden.
Geheimnis – geschaut und bestaunt.
Geheimnis – sich öffnend
und sich zurücknehmend.
Geheimnis – dunkel und hell.
Geheimnis – bekannt und unbekannt.
Geheimnis – dargereicht und empfangen.

Schließlich: Das Geheimnis ohne
die menschlichen Bilder.
Hier ist die Quelle, die in sich ruhende Kundalini,
hier sind die sprudelnden Quellen
und die grünen Weiden.

Und dann tauchte ich in den Abgrund ein.
Was einst Sehnsucht war, ist nun Kraft.
Was Antrieb war, ist nun Dynamik.
Was Leidenschaft war, ist nun Liebe.
Was Gefühl war, ist nun mystische Schau.
Was zwei waren, ist nun eins, ohne Mittler.
Reine Bewegung von Kommen und Gehen,

Spiel zwischen Fortgehen und Eintreten,
und wieder Eintreten und Fortgehen.
Durchdrungenwerden und Eindringen in einem.
In einem grundlosen Grund, der für immer währt.
Im Einrasten des Schlüssels im Schloss.

Und dann, nach diesem intensiven Erleben,
blieb das Geheimnis Geheimnis
in allem Fühlen und Erkennen.

Deshalb beginnt alles wieder von Neuem:
Die Suche nach dem unerreichbaren Horizont,
der immer weiter in die Ferne rückt.
Es gibt keine Brücke zwischen Raum und Zeit,
nur die Umarmung des Neuen mit dem Neuen
in ewiger Vermählung mit der Quelle.

Alles zentriert und verwandelt sich
und ändert so den Zustand des Bewusstseins.
Die Freude, der Schmerz und die Bitterkeit
lassen nicht einmal ein Samenkorn zurück.
Alles wechselt die Gestalt:
Gott, die Welt und die Menschen.

Dies ist das Leben in seiner Ganzheit und Einheit,
ohne Raumzeit, ganz rein,
aufgesogen vom Alles und Nichts.

LEONARDO BOFF

3

Gehirn und Geist

Unter Spiritualität verstehen wir die Begegnung mit dem Geheimnis der Welt, mit dem Unaussprechlichen, dem Tao, dem Numinosen, mit dem, was alle Gott nennen (wenn sich auch der Buddhismus mit dieser Bezeichnung nicht wohlfühlt). Diese Begegnung wird weder erfunden noch auferlegt. Sie widerfährt einfach als eine ursprüngliche Erfahrung. Der Mensch ist ein dem anderen gegenüber, der Welt und dem Unnennbaren gegenüber offenes Wesen. Er ist in reiner Form und einfachhin ein offenes und dialogfähiges Wesen. Er stellt radikale Fragen hinsichtlich seines Ursprungs und seines Geschicks, über den Sinn des Universums und den Sinn seines Lebens, den Sinn seines Leids und seines Todes. Er ist ein Schrei ins Unendliche hinein. Diese Wirklichkeit zu erfahren, erfüllt das, was wir Geist nennen. Es ist eine Seinsweise, ein Sich-in-Beziehung-Setzen und das Wissen, dass wir in das umfassendere Ganze eingefügt sind.

Dieses Phänomen der Spiritualität ist eine anthropologische Grundtatsache ... Es ist das Spezifikum der Spiritualität, globale Zusammenhänge zu erfassen und sich an einem übergeordneten Sinn zu orientieren. Wissenschaftler haben in der biologischen Struktur der Neuronen die empirische Basis dieser spirituellen Intelligenz entdeckt. Einige Neurowissenschaftler sprechen

vom »God spot« beziehungsweise Gottesmodul
im Gehirn. Aus der Perspektive der Evolution
betrachtet heißt das: Das Universum entwickelte
sich bis zu einem Punkt, an dem es ein intelligen-
tes Wesen hervorbrachte, das über die Fähigkeit
verfügt, das Geheimnis dieses Universums
wahrzunehmen – das Geheimnis, das alles
durchdringt und in dem alles erstrahlt.

LEONARDO BOFF

Im vorhergehenden Kapitel haben wir unser Verständnis des Menschen vertieft – und zwar als ein
Wesen, das ins Universum eingefügt und von der
universalen Energie durchdrungen ist, die sich in den
Chakras, den Punkten im Körper, mit hoher energe-
tischer Dichte kanalisiert.

Nun wollen wir uns mit einem bestimmten Teil
des Menschen, dem komplexesten und geheimnis-
vollsten, beschäftigen: dem Gehirn. Sofort befinden
wir uns damit gleichsam in einem Teufelskreis: Um
das Gehirn zu untersuchen, brauchen wir das Gehirn. Es ist nicht möglich, es von außen, wie von einer
äußeren, neutralen Instanz aus, zu betrachten. Nur
als solche, die wir selbst Gehirn sind, also von innen
her, können wir das Verständnis vom Gehirn vertie-
fen. *Das Gehirn ist Träger der spirituellen Intelligenz*
des Menschen.

Was ist das menschliche Gehirn und wie funktioniert es?

Ich möchte hier eine äußerst knappe Darstellung der geheimnisvollen Komplexität des Gehirns unternehmen und stütze mich dabei auf die Erkenntnisse der Neurowissenschaften, die ihrerseits in stetem Wandel begriffen sind.

Aus dem breiten Spektrum der Forschung sollen uns nur zwei Dinge interessieren: die drei Dimensionen des menschlichen Gehirns und die spirituelle Dimension des Verstandes, der von vielen auch »Gottespunkt« im Gehirn oder »mystischer Geist« genannt wird.

Die drei Dimensionen des Gehirns

Das Gehirn, wie wir es heute »kennen«, war als solches nicht einfach da. Es bedurfte Millionen von Jahren der Evolution, bis sich das Nervensystem mit dem Zentralnervensystem, dem Gehirn, herausbildete. Das Gehirn setzt sich aus drei Komponenten zusammen, die sich langsam zu Intelligenz und Bewusstsein entwickelten.

Der Hirnstamm

Er befindet sich im hinteren Teil des Kopfes und entstand mit der Entwicklung der Reptilien vor ungefähr 300 Millionen Jahren. Der Hirnstamm reagiert mittels aller instinktiven Überlebensmechanismen wie den spontanen Reflexen des Angriffs und der Verteidigung. Er reguliert das Herz-Kreislauf- und das Atemsystem, den Blutkreislauf und damit den Transport der Hormone. Das Empfinden von Hunger und Durst und das Sexualverhalten haben dort ihren Sitz. Die Lebewesen müssen all diese Mechanismen nicht erlernen, denn es sind instinktiv ausgeführte Befehle des Hirnstamms.

Das limbische System

Dieser zweite Teil des Gehirns entwickelte sich vor etwa 215 Millionen Jahren mit den Säugetieren. Das limbische System befindet sich im Inneren des Gehirns und wird von der Schädeldecke geschützt. Mit den Säugetieren entstand etwas bis dahin völlig Neues in der Evolutionsgeschichte: die Emotion, das Gefühl, die Fürsorge und das Schutzverhalten.

Eine Mutter empfängt ihr Kind und trägt es in sich aus. Sobald es geboren ist, lässt sie ihm jede Art von Fürsorge zuteilwerden. Im limbischen System hat auch das Gedächtnis für alles, was man erlebt hat, seinen Sitz, ob es sich dabei um Gefahren handelt oder um Erfahrungen der Befriedigung. Es hat einen

beträchtlichen und äußerst einflussreichen Anteil an unserem Alltagsleben, denn wir werden von Gefühlsempfindungen, von Leidenschaften und von all dem bestimmt, was uns auf tiefe Weise emotional berührt. Deshalb setzt sich das Fundament des menschlichen Lebens eher aus Pathos (Gefühl, Affekt) und weniger aus Logos (Vernunft und Denken) zusammen. Wir verfügen nicht nur über eine intellektuelle, sondern auch über eine sensible Vernunft.

Die Hirnrinde

Dieser letzte Teil des Gehirns ist zugleich der jüngste. Seine Entwicklung wurde durch die immer komplexeren Hirnstrukturen der Primaten vorbereitet. Er entwickelte sich weiter bei den Hominiden vor etwa fünf Millionen Jahren, erreichte mit den ersten Menschen vor etwa 2,6 Millionen Jahren eine höhere Stufe der Komplexität und erlangte seine endgültige Gestalt mit dem *Homo sapiens* vor etwa 100.000 Jahren. Dieser Teil des Gehirns ist wesentlich komplexer als all seine Vorläufer. Die Hirnrinde stellt eine große Vielzahl von Zellen, die Verknüpfung von 100 Milliarden Neuronen, dar. Sie ist jener Teil des Gehirns, der speziell dem Menschen eignet; sie ist verantwortlich für die Vernunft, für die Sprache, für das logische Denken und für die Deutung von Symbolen, Zeichen und Botschaften.

Diese drei Teile bilden zusammen das menschliche Gehirn. Sie sind durch unzählige Verbindungen miteinander vernetzt. Sie bilden eine Dreieinheit, ähnlich der Trinität. Diese wird von drei göttlichen Personen gebildet, die in einer Dynamik des Lebens, der Liebe und der Gemeinschaft in äußerst enger Weise miteinander verbunden sind und so den einen Gott der Liebe und Beziehung bilden. Ähnlich verhält es sich auch mit dem einen menschlichen Gehirn, das sich in diesen drei Manifestationen konkretisiert: im Hirnstamm, im limbischen System und in der Hirnrinde. Es sind drei Schichten, doch es ist nur ein einziges Gehirn.

Die beiden Gehirnhälften: rechte und linke Hemisphäre

Das Gehirn verfügt über zwei Hälften beziehungsweise Hemisphären, die rechte und die linke. Sie sind nussförmig und befinden sich unter der Schädeldecke. Jede der beiden Gehirnhälften hat eine jeweils andere Funktion, und darin ergänzen sie sich.

Die linke Hirnhälfte reagiert mittels Analyse, logischem Diskurs, abstrakter Begriffe und mittels der Wahrnehmung des sukzessiven zeitlichen Verlaufs, der Zahlen und der Kausalbeziehungen. Sie funkti-

oniert auf schematische Weise und ist wenig flexibel. Diese Seite wurde vor allem im Westen ausgebildet, welcher der Vernunft, dem abstrakten Denken und den Wissenschaften, die die einzelnen Teile und die Kausalitätsbeziehungen von Ereignissen analysieren, den zentralen Stellenwert einräumte.

Die rechte Gehirnhälfte hingegen reagiert mittels Synthese, durch Symbole, Kreativität, Intuition, durch räumliche Wahrnehmung und die Wahrnehmung der Ganzheit. Kulturen des Ostens wie der Buddhismus, der Hinduismus und der Shintoismus haben diese Seite besonders betont, denn sie sind empfänglicher für die Ganzheit und die Erfahrung der Nicht-Dualität und legen weniger Wert auf die einzelnen Teile und die Besonderheiten.

Der Balken:
Brücke zwischen den beiden Gehirnhälften

Der Balken, auch *Corpus callosum* genannt, befindet sich zwischen den beiden Gehirnhälften. Er besteht aus Nervenfasern und Nervenbündeln. Er hat eine doppelte Funktion, nämlich zugleich zu trennen und zu verbinden. Er verbindet die beiden Gehirnhälften, sorgt so für den Informationsaustausch und dafür, dass die Informationen im Gedächtnis aufbewahrt werden. Er braucht etwa zehn Jahre, um sich

voll auszubilden. Dies erklärt auch die Tatsache, dass wir keine Erinnerung aus unseren ersten Lebensjahren haben.

Wir sind dazu übergegangen, dieses *Corpus callosum* den »Pfad Gottes« zu nennen. Vom »höchsten Licht« erleuchtet, ermöglicht es die Verbindung der beiden Hemisphären in der Weise, dass der Mensch die Trennung überwindet und die Erfahrung der Einheit, der Wahrnehmung der Ganzheit, der Nicht-Dualität, des tiefen geistigen Friedens, des Glücks, der Ungeschuldetheit und der Integration in das Ganze macht.

Der Stirnlappen: Einzigartigkeit des Menschen

Der Stirnlappen ist der entscheidende Teil der Hirnrinde. Er bildet sich ab dem Alter von drei Jahren bis etwa zum achten Lebensjahr langsam zu seiner Endgestalt aus. Er ist jener Teil, der die verschiedenen Mechanismen des Gehirns zu einer Synthese vereint, Gedanken miteinander verknüpft, Vorstellungsgabe und Fantasie erhält, Träume entwirft, Utopien entwickelt und Entscheidungen trägt.

Der Stirnlappen steht für ethisches Bewusstsein, das Gefühl der Ehrfurcht und der spirituellen Erfahrung. In ihm verwirklicht sich jener »Gottespunkt«

und »mystischer Geist«. Ohne den Stirnlappen gäbe es kein Bewusstsein und keinen Geist.

Das Verhältnis von Gehirn und Geist ist äußerst komplex und hat Anlass zu den unterschiedlichsten Theorien und Deutungen gegeben, die ich hier nicht alle darstellen kann. In gewisser Weise ist der Geist, wie es ein Neurowissenschaftler einmal ausdrückte, »der Name, der den unfassbaren Wirklichkeiten gegeben wird, welche das Gehirn hervorbringt, wie etwa das Gefühlsleben, die Liebe, das Mitleid, die Aufrichtigkeit, die Kunst, die Pläne, den Glauben, die Religion, die Ehrfurcht und die Erfahrung des Numinosen und Heiligen«.

Das Verhältnis von Gehirn und Geist ist geheimnisvoll. Zwar können die Neurowissenschaftler untersuchen, wie das Gehirn funktioniert. Doch sie haben keine Möglichkeit, festzustellen, was es ist und wie das Bewusstsein entsteht. Das Bewusstsein, so können wir sagen, ist die unmittelbare Kenntnis der eigenen Existenz, sofern sie alle Dimensionen des Körpers, der Seele, des Geistes und auch jener unfassbaren Dinge, die wir spirituelle Tatsachen nennen können, in sich vereint.

Geist und Bewusstsein haben ihre Grundlage im Gehirn und in der Funktionsweise der Neuronen, doch um sie zu verstehen, muss man darüber hinausgehen.

Die spirituelle Intelligenz

Die historische Anthropologie und die Geschichte der vergleichenden Kulturwissenschaften zeigen, dass hier durchgehend zwei Fragen eine Rolle spielen: die nach dem moralischen Gesetz im Bewusstsein und die nach dem Glauben an eine letzte Wirklichkeit, die diese raumzeitliche Welt übersteigt.

Was ist die neurologische und mentale Grundlage dieser beiden für das Leben des Menschen so grundlegenden Erfahrungen? Was ist die biologische Basis für die Erkenntnis dessen, was gut für mich und den anderen ist oder was für niemanden gut ist? Warum bin ich in der Lage, die kristallklare Wahrheit dieser Maxime zu erfassen: »Tu anderen das nicht an, von dem du selbst nicht willst, dass man es dir antut«? Welche biologischen Strukturen liegen der mystischen Erfahrung der Einheit mit Gott zugrunde? Oder der religiösen Begeisterung, die sich bis zur Ekstase steigern kann? Solche Phänomene sind innerhalb der Religionen und spirituellen Wege geläufig. Sie stellen unleugbare Tatsachen dar, die nach einer Deutung verlangen.

Wir wissen, dass es anthropologische Grundkonstanten gibt, die man in allen bekannten Kulturen der Geschichte antrifft. Sie alle haben ein Repertoire an Musik, haben ihre eigenen kulinarischen Spezi-

alitäten und ein bestimmtes Zahlensystem. Sie alle zeichnen oder malen, haben Formen der dramatischen Darstellung des Lebens, kennen Riten rund um den Tod und entwickeln Vorstellungen von einer transzendenten Wirklichkeit, die die bloß empirische Realität übersteigt. Dies hat zur Voraussetzung, dass es sich um Ausdrucksweisen von Möglichkeiten handelt, die neuronal angelegt sind und ihre Grundlagen in kulturellen Mustern haben, die über einen langen Zeitraum der Menschheitsgeschichte erworben wurden. Andernfalls wäre es nicht möglich, sie zu verifizieren. Der Bezug auf eine letzte Wirklichkeit oder auf Gott und die Tatsache des moralischen Gesetzes wurzeln in diesen anthropologischen Grundkonstanten, die ihrerseits irgendeine neuronale Struktur zur Grundlage haben. Doch sie sind selbst keine Neuronen. Sie gehören einer anderen, geheimnisvollen Wirklichkeit an, die zu verstehen wir uns bemühen.

Zu diesem Zweck haben verschiedene Neurowissenschaftler eine Neurotheologie entwickelt. Sie sprechen vom *mystical mind* (engl.), dem »mystischen Geist«. Ich ziehe es vor, vom spirituellen Geist zu sprechen.

Eine andere Erkenntnis, die ebenfalls von den Neurowissenschaften kommt, bezieht sich auf den »Gottespunkt« im Gehirn. Wissenschaftler haben festgestellt, dass es neben der intellektuellen Intelligenz (die mit dem Intelligenzquotienten IQ gemes-

sen wird) und der emotionalen Intelligenz (gemessen mit dem EQ) auch eine spirituelle Intelligenz (ihr Maß ist der SQ) gibt.

Mithilfe der spirituellen Intelligenz nehmen wir die umfassenderen Lebenszusammenhänge wahr, die bedeutungsvollen Ganzheiten, durch die wir uns als in das Ganze eingefügt empfinden. Sie macht uns empfänglich für die Werte und die Fragen, die in Zusammenhang mit der letzten Wirklichkeit und der Transzendenz stehen. Spirituelle Intelligenz wird sie deshalb genannt, weil es das Wesen der Spiritualität ausmacht, Ganzheiten zu erfassen und sich an transzendenten Sichtweisen zu orientieren, die dem Leben Sinn geben und mit deren Hilfe wir mit Gott in Beziehung treten können.

Ihre empirische Basis hat die spirituelle Intelligenz in der Biologie der Neuronen. Man hat nachgewiesen, dass die Erfahrung der Vereinigung ihren Ursprung in neuronalen Schwingungen mit einer Frequenz von 40 Hertz hat, die vor allem in den Schläfenlappen anzutreffen sind. Eine Erfahrung des Hochgefühls und der intensiv empfundenen Freude wird ausgelöst, so, als stünden wir vor einer »lebendigen Gegenwart«. Man hat auch festgestellt, dass immer dann, wenn religiöse Themen, Gott oder Werte angesprochen werden, die mit dem tiefen Sinn aller Dinge zu tun haben – und zwar nicht in oberflächlicher Weise, sondern in engagierter Ernsthaftigkeit –,

dieselbe Schwingung von 40 Hertz auftritt. Es sind Neurowissenschaftler und nicht etwa die Theologen, die dieses Phänomen den »Gottespunkt« im Gehirn nennen.

Das Leben hat nicht nur die äußeren Sinne wie den Gesichtssinn, das Gehör und den Tastsinn entwickelt, sondern auch einen inneren Mechanismus hervorgebracht, mithilfe dessen man die Gegenwart Gottes erfassen kann. Dieser innere Mechanismus war im Verlauf des Evolutionsprozesses stets gegenwärtig, doch nun kann er vom Menschen wahrgenommen werden und aus seiner Anonymität heraustreten. Er kann beim Namen genannt werden, und tatsächlich haben dies die großen Religionen auch getan: Sie nannten ihn Tao, Shiva, Jahwe, Allah, Olorum oder einfach Gott. In einer säkularen Sprache, die der Astrophysik entlehnt ist, wird er auch »nährender Abgrund allen Seins«, aus dem alles entspringt und zu dem alles zurückkehrt, genannt.

Natürlich ist Gott nicht bloß in einem Punkt im Gehirn, sondern er ist im Leben insgesamt und im Universum als Ganzem. Wir behaupten nur, dass wir mit einem inneren Mechanismus ausgestattet sind, mit dem wir die geheimnisvolle Gegenwart Gottes im Prozess der Evolution erfassen können. Es handelt sich um einen evolutiven Vorteil unserer Spezies, die – ausgehend von diesem Bewusstsein – mit Gott in einen Dialog treten, ihn verehren und anbeten und

ihn als Schöpfer und Erhalter aller Dinge anerkennen kann.

Dieser »Gottespunkt« ist die Basis der Spiritualität, die damit eine objektive Gegebenheit der menschlichen Natur ist. Deshalb können die Religionen keinen Monopolanspruch auf sie erheben. Im Gegenteil: Die Religionen selbst bauen auf dieser objektiven anthropologischen Tatsache auf und gewinnen in dem Maß an Bedeutung, in dem sie die spirituelle Intelligenz bewahren und erweitern.

Die »Meditation des höchsten Lichts«, die ich vorschlagen werde, will die gesamte komplexe Wirklichkeit des Menschen aktivieren, insbesondere will sie den »Gottespunkt« kultivieren und die »spirituelle Intelligenz« fördern. Auf diese Weise sollen die Menschen menschlicher, stärker integriert, kosmischer und spiritueller werden. Mit einem Wort: Sie möge die Menschen erfüllt und glücklich machen, in tiefer Gemeinschaft mit dem Schöpfergeist.

Ich gehöre dir, du unerschöpfliches Geheimnis!
Mein ganzes Sein verlangt brennend und glühend
nach einer spürbaren Fülle,
nach deiner schlichten Gegenwart
ohne alles Getöse.
Es gibt ihn noch, den Adam
der ersten Morgenfrische
in seiner ursprünglichen Gerechtigkeit.

Nähre die Wurzel meines Seins.
Ich weiß sehr wohl, dass es Sprösslinge gibt,
die nicht erblühen konnten.
Es sind verkümmerte Triebe des wahren Seins.
Lass sie neu erstehen!

Der Geist der Glückseligkeit
ist in mir noch nicht erwacht.
Deine Gegenwart ist Erinnerung
an jene grenzenlose Gnade,
die in der Seele aufstrahlt und in ihr ruht
und die aus dem Leben einen Tanz macht!

Aller Widerwärtigkeit zum Trotz
und trotz der vielen, vielen Stufen:
Alles ist dein, und nur dein.
Herr, möge ich ein klarer Becher werden,
durch den dein Wein hindurchfunkelt.

LEONARDO BOFF

Das Licht:
Geheimnis und Symbol

4

*Ich bin das Licht, das über allem ist. Ich bin das
All. Das All ist aus mir hervorgegangen, und das
All ist zu mir gelangt. Spaltet ein Holz: Ich bin
da, hebt den Stein auf, und ihr werdet mich dort
finden.*

AUS DEM THOMASEVANGELIUM

Das Licht stellt für die Menschen eine der faszinie-
rendsten Wirklichkeiten dar. Es ist von Geheimnis-
sen umgeben. Eine jahrhundertelange Geschichte
der Erforschung des Lichts weist Namen wie Aris-
toteles (in der Antike), Grosseteste (im Mittelalter),
Newton und Huygens (in der Neuzeit), Maxwell und
Einstein (in der Gegenwart) auf. Insgesamt haben sie
nur wenige Ergebnisse erzielt. Im Grunde bleibt das
Licht auch für die Wissenschaft selbst eine große Frage und ein Geheimnis.

Das Licht als Materieteilchen und als Energiewelle

Eigenartigerweise war es ein Franziskaner aus dem Mittelalter, Robert Grosseteste (1168–1253), der in Oxford eine komplexe Reflexion über das Licht ausarbeitete: eine wahre Metaphysik, die sehr inspirierend ist und den modernen Lichttheorien nahekommt. Er erfasste das Licht theoretisch als eine ursprüngliche, auf nichts anderes zurückführbare Substanz, die etwas von feinster Materie – wir würden sagen: Korpuskel – und etwas Geistiges (elektromagnetische Welle) hat. Es hat an der Zusammensetzung aller Körper teil. Jeder Körper trägt Licht in sich. Deshalb strahlen die intelligenten Lebewesen, die das Licht im Geist und die Wärme im Herzen tragen.

Mit dem Aufkommen der modernen Naturwissenschaften setzte sich die Theorie durch, dass sich das Licht aus Korpuskeln, also aus etwas Materiellem auf atomarer und subatomarer Ebene, zusammensetzt. Man versuchte, alle Phänomene mit dieser Auffassung zu erklären, obwohl viele rätselhaft blieben. Doch die empirische Erfahrung ließ die Schlussfolgerung zu, dass das Licht zunächst eine Erscheinungsweise strahlender Energie sei, die sich mittels magnetischer Wellen ausbreite. Diese Wellen weisen unterschiedliche

Längen und Frequenzen auf, der Großteil davon ist für das menschliche Auge unsichtbar.

So besitzt zum Beispiel das sichtbare Licht, das uns die Wahrnehmung der Gegenstände ermöglicht, weil diese das Licht reflektieren, eine sehr kleine Wellenlänge in der Größenordnung von 10^{-6} Zentimetern. Wenn man dieses weiße Licht mit einem Prisma zerlegt, entsteht ein Regenbogen mit den verschiedenen Farben: Violett, Blau, Grün, Gelb, Orange und Rot. Die erste Farbe, Violett, hat die kleinste Wellenlänge, die letzte, Rot, die größte.

Die Frequenz ist jeweils unterschiedlich und wird in der Maßeinheit Hertz gemessen. Von den folgenden Strahlen ist keine für das menschliche Auge sichtbar: Infrarotstrahlung, Ultraviolettstrahlung, Röntgenstrahlung, Gammastrahlung, Mikrowellen und Radiowellen.

Im leeren oder nur von kosmischem Staub erfüllten Raum hat das Licht immer dieselbe Geschwindigkeit, nämlich ca. 300.000 Kilometer pro Sekunde. Diese Lichtgeschwindigkeit stellt die bis heute unüberwindbare Schranke dar, und deshalb wird sie als eine der kosmischen Grundkonstanten betrachtet.

Mit dem Entstehen der Quantenphysik seit 1920, das heißt der Physik der Elementarteilchen und subatomaren Teilchen beziehungsweise der Energiefelder, stellte man fest, dass man das Licht besser verstehen kann, wenn man es als Quantenphänomen begreift,

das von Komplementaritäten und Möglichkeiten bestimmt wird. Das bedeutet, dass sich das Licht einmal so verhält, als bestünde es aus Materiepartikeln, das andere Mal so, als sei es eine elektromagnetische Welle. Es ist also feinste Materie und zugleich Energie.

Wenn man das Licht als aus Materieteilchen zusammengesetzt begreift, kann man damit verschiedene Phänomene erklären: zum Beispiel, dass es von einer dichteren Materie (einer Bleiplatte etwa) aufgehalten werden kann. Wenn man es hingegen als Welle begreift, dann erhellt das wiederum andere Phänomene, zum Beispiel die Ausbreitung des Lichts im Universum. Diese integrierende Sichtweise macht den geheimnisvollen Charakter des Lichts deutlich.

Die beiden Sichtweisen – Welle und Teilchen –, die scheinbar im Widerspruch zueinander stehen, ergänzen einander in Wirklichkeit. Diese Komplementarität erlangte mit der revolutionären Hypothese des Franzosen Louis de Broglie noch mehr Plausibilität. Er vertrat im Jahr 1923 die Ansicht, dass nicht nur das Licht, sondern alle Materie Welleneigenschaften besitzt. Demnach ist also alles Teilchen und Welle zugleich. Für diese Hypothese wurde er mit dem Nobelpreis für Physik ausgezeichnet.

Für Einsteins Relativitätstheorie ist dies nichts Neues. Dieser Theorie zufolge existiert Materie in Wahrheit gar nicht. Was existiert, ist Energie in unterschiedlichen Dichtegraden. Materie ist nach Ein-

stein in höchstem Maße verdichtete Energie, die sich, wenn die Atome gespalten werden, in Energie verwandeln kann. Die Atombomben beweisen die Wahrheit dieses Phänomens.

Ein solches Verständnis hebt den geheimnisvollen Charakter der Wirklichkeit, insbesondere des Lichts, nicht auf, sondern verstärkt ihn vielmehr noch. Was Licht tatsächlich ist, weiß niemand mit Sicherheit.

Wie ist das Licht entstanden? Hier haben wir es wiederum mit einem Geheimnis zu tun. Sehr wahrscheinlich entstand es als eine Folge der unvorstellbaren Explosion, dem Urknall, der sich vor 13,7 Milliarden Jahren ereignete. Auf ihn folgte unmittelbar das Aufeinanderprallen von Materie und Antimaterie. Dieser Zusammenstoß von Materie und Antimaterie war von so gigantischem Ausmaß, dass sich beide fast gegenseitig vernichtet hätten. Es blieb lediglich ein äußerst winziger Anteil an Quarks – das sind die kleinsten subatomaren Teilchen – übrig, und zwar in der Größenordnung von 0,000.000.001. Dieser überaus kleine Anteil wurde der Ursprung unseres heutigen Universums. Doch durch diesen Zusammenstoß wurde eine unvorstellbare Menge an Licht und Wärme freigesetzt.

Die Photonen, Bündel leuchtender Energie und subatomare Teilchen, durchdringen immer noch den fast unendlichen Weltraum. Das Licht, das auf keine anderen Körper traf und auch von keinen »schwar-

zen Löchern« verschlungen wurde, setzte seine Bahn durch den unendlichen Raum über Milliarden von Jahren hinweg fort, bis es schließlich zu uns gelangte.

Mit der Ausdehnung der Materie und der ursprünglichen Energien entstanden die großen roten Sterne, rote Riesen genannt, die in ihrem Inneren eine Hitze von Milliarden Grad aufwiesen. In alle Richtungen sandten sie Licht aus. Als sie explodierten, schleuderten sie die Elemente aus sich heraus, die kleinsten chemisch-physikalischen Bausteine, aus denen sich alles zusammensetzt, was im Universum existiert, auch unsere menschliche Wirklichkeit. Diese Elemente sind im berühmten Periodensystem von Mendelejew aufgeführt. Aus ihnen bildeten sich die Galaxien und andere Sterne, darunter auch unsere Sonne und ihre Planeten, etwa die Erde, auf der das Leben und das Bewusstsein hervorbrachen.

Diese Sterne sind weiß glühend und senden deshalb Lichtstrahlen aus, die nach Milliarden von Jahren zu uns gelangen. Wenn man das Licht der am weitesten entfernten Galaxie analysiert, dessen Spektralfarben sich in Richtung Rot-Anteil verschieben – die sogenannte Rot-Verschiebung des Lichts weist darauf hin, dass sich die Galaxie von uns entfernt, das Universum sich also ausdehnt –, lässt sich verifizieren, dass es 13,7 Milliarden Lichtjahre entfernt ist. Dies ist das angenommene Alter des Universums, also auch unser Alter.

Die Biophotonen:
Das Licht der Zellen

Zu einer überraschenden Erkenntnis gelangte der russische Forscher Alexander G. Gurwitsch: Er fand heraus, dass alle biologischen Systeme Biophotonen aussenden. Es handelt sich dabei um Wellen, die zwar für das menschliche Auge unsichtbar sind, doch mit hochempfindlichen Apparaten festgestellt werden können. Alle lebenden Zellen der Pflanzen, der Tiere und auch der Menschen senden elektromagnetische Lichtwellen aus. Diese Tatsache hat, wie wir bereits gesehen haben, Robert Grosseteste schon im 13. Jahrhundert erahnt. Andere Wissenschaftler, besonders der Deutsche Fritz-Albert Popp, haben nachgewiesen, dass der Sitz dieses Biolichts die DNA ist. Es befindet sich also im »innersten Herzen« des Lebens, dort, wo sich das Leben reproduziert und erneuert. Von der DNA aus strahlt das Licht auf alle Zellen und Organe des menschlichen Körpers aus und zeigt so den Gesundheitszustand einer Person an.

In der Menschheitsgeschichte gab es immer schon die Auffassung, dass es im Menschen eine Ausstrahlung von Licht gibt. Man nannte es »Aura«, »Mana« (in Asien), »Brahman« (die Yogis), »Shi« (die Chinesen), Axé (sprich: Asché, in der afroamerikanischen Tradition), »innere Flamme« oder »we-

senhaftes Licht« (die Mystiker aller Traditionen). Es gibt Menschen, die über die Fähigkeit verfügen, die Aura anderer Menschen und ihre unterschiedlichen Farben zu sehen; Letztere geben über eine bestimmte seelische oder körperliche Verfassung Aufschluss.

Eine solche Feststellung verwundert uns nicht. Wir wissen, dass wir alle im Hochofen der großen roten Sterne gebildet wurden. Wir sind aus seinem Licht und seiner Wärme hervorgegangen. Deshalb tragen alle heute existierenden Lebewesen diese ursprüngliche Leuchtkraft in sich. Wir sind Kinder des Lichts, das strahlt und wärmt. Wenn es abnimmt, dann erkaltet die Beziehung und verursacht ein Unbehagen im Umfeld.

Dieses Licht kann verstärkt und in eine Helle verwandelt werden. Dies ist der Zweck der Meditation des »höchsten Lichts«.

Das Licht als Archetyp

Das Licht und die Sonne, die größte Lichtquelle für die Erde, wurden zu machtvollen Symbolen für alles, was gut und voller Lebenskraft ist. Insbesondere die strahlende Sonne wird als großer Archetyp des Helden und Kämpfers betrachtet, der die Finsternis zusammen mit den in ihr möglicherweise hausenden Ungeheuern besiegt. Wenn die Sonne jeden Morgen aufgeht, dann ist das keine ständige Wiederholung des Immergleichen, sondern jedes Mal etwas Neues, denn es ist jedes Mal anders. Es ist ein kosmisches Theater, das immer wieder aufs Neue beginnt, als ob Gott der Sonne jeden Morgen sagen würde: »Noch einmal!« – »Wiederhole deine Geburt!«

Bei Völkern aller Kulturen war die Angst zugegen, dass die Sonne möglicherweise von der Finsternis verschlungen werden könnte und nie mehr zurückkehren würde, um die Erde zu erleuchten. Die Menschen schufen Rituale und Feste, mit denen sie den Sieg der Sonne über die Finsternis feierten. So gab es zum Beispiel das römische Fest des »Sol invictus«, des unbesiegbaren Sonnengottes, aus dem später das christliche Weihnachtsfest wurde, das Fest der Geburt Gottes, der in einem Kind menschliche Gestalt annahm. Dieses Kind wurde im Alten Testament »Sonne der Gerechtigkeit« genannt.

Man verglich und vergleicht auch heute noch die Sonne und ihre Lichtstrahlen mit der Geburt eines Kindes. In dem Maß, in dem sie auf dem Firmament aufgeht, wächst der Tag bis zu seinem Erwachsenenalter, dem Mittag. Am Abend verliert er an Lebenskraft, wird schwächer, bis er alt wird und stirbt und dann hinter dem Horizont begraben wird. Doch sobald die Nacht vorbei ist, wird die Sonne von Neuem geboren, rein und glänzend, lachend wie ein Kind. Wie sollte man dies nicht mit der Feier eines Festes begehen?

Franziskus von Assisi hat, sogar als er bereits blind war, dem Wirken der Sonne und des Lichts in seinem berühmten »Sonnengesang« Ausdruck verliehen, in dem es heißt: »Gelobt seist du, mein Herr, mit all deinen Geschöpfen, besonders für den Herrn, unseren Bruder Sonnenball*, der den Tag erhellt und mit seinem Licht erleuchtet. Schön ist er und strahlend mit großem Glanz. Ein Bild von dir, du Allerhöchster, ist er.«

Tatsächlich ist die Sonne ein eindrucksvolles Bild für Gott. Keine Metapher für die Gottheit ist stärker

---

* In den romanischen Sprachen, also auch im Italienischen, der Originalsprache des »Sonnengesangs«, ist das grammatikalische Geschlecht des Wortes »Sonne« männlich. Ich habe deshalb mit »Sonnenball« anstelle von »Sonne« einen Ausdruck mit gleichfalls männlichem grammatikalischem Geschlecht gewählt; d. Übers.

als die des Lichts und der Sonne. Allein die Erfahrung des Lichts lässt das Wort »Gott« entstehen. Die Wurzel des Wortes »Gott« in den indogermanischen Sprachen ist das Sanskrit-Wort *di*, was so viel bedeutet wie »glänzen« und »leuchten«. Von *di* kommt das lateinische *deus* (Gott) ebenso wie *dies* (Tag) als Erfahrung von Licht und Erleuchtung. Im ersten Johannesbrief im Neuen Testament heißt es: Gott ist das Licht, und man muss im Licht wandeln, um Gemeinschaft mit ihm zu haben (vgl. 1 Joh 1,5).

Nicht nur für Johannes, sondern auch für die gesamte biblische Tradition ist Gott Licht (vgl. Weish 7,27.29). »Er lebt«, um mit Paulus zu sprechen, »in unzugänglichem Licht« (1 Tim 6,16). Jesus bezeichnet sich selbst als Licht: »Ich bin das Licht, das in die Welt gekommen ist, damit jeder, der an mich glaubt, nicht in Finsternis wandelt« (Joh 12,46). Das fleischgewordene Wort ist »Leben und Licht der Menschen«, »wahres Licht, das jeden Menschen erleuchtet, kam in die Welt« (Joh 1,9). Deshalb wird er mit Recht als »das Licht der Welt« (Joh 9,5) bezeichnet. »Und alle, die an das Licht glauben, werden Kinder des Lichts« (Joh 12,36). Die Menschheit spaltet sich in »Kinder der Welt« und »Kinder des Lichts« (Lk 16,8). Jene, die Christus, dem Licht, anhangen, müssen als »Kinder des Lichts« (Eph 5,8) leben. Und »die Früchte des Lichts sind lauter Güte, Gerechtigkeit und Wahrheit« (Eph 5,9). Die große Herausfor-

derung besteht darin, selbst »Licht der Welt« (Mt 5,14) zu sein.

In der Begräbnisliturgie wird in schöner Weise gebetet: »Auf dass die Seelen der verstorbenen Gläubigen nicht in die Finsternis versinken, sondern der Erzengel Michael möge sie zum heiligen Licht führen. Lass leuchten über ihnen das ewige Licht.«

Wir alle sind Lichtwesen. Wie ich schon sagte, wurden wir ursprünglich im Inneren der großen Sterne geformt. Wir tragen Licht in uns, in unserem Leib, im Herzen (in Form von Wärme), im Geist (in Gestalt von Energie). Deshalb sprechen wir vom Licht des Geistes, das uns die Prozesse der Natur verstehen lässt und mit dessen Hilfe wir ins Innerste der Dinge vordringen.

All diese Fakten wurden hier aufgeführt, um unsere Meditation des Lichts zu bereichern. Von oben, vom unauslotbaren Geheimnis, und aus der tiefsten Tiefe des Universums kommt ein Licht zu uns, das unsere menschliche Wirklichkeit durchflutet, in unser Gehirn eindringt, unseren gesamten Leib mit Energie auflädt und zu jenem Unendlichen zurückkehrt, aus dem es hervorgegangen ist. Es ist das »höchste Licht«.

Wenn die Besten unter denen,
die nach Weisheit streben, vom Tao hören,
dann geben sie sich sofort Mühe,
es zu verwirklichen.
Wenn durchschnittliche Weisheitssucher
vom Tao hören,
dann folgen sie ihm zuweilen,
und zuweilen vergessen sie es wieder.
Wenn Weisheitssucher ohne Verstand
vom Tao hören,
dann lachen sie lauthals.
Lachten sie nicht,
dann wäre es nicht das Tao.

Darum heißt es:
Der Weg im Licht erscheint dunkel,
der Pfad, der nach vorn führt,
scheint rückwärtszulaufen,
der gerade Weg scheint krumm zu sein,
die größte Kraft erscheint schwach,
die echteste Reinheit scheint beschmutzt,
wahrer Überfluss scheint nicht genug zu sein,
auf echte Standhaftigkeit scheint
kein Verlass zu sein.

Der weiteste Raum kann nicht ausgefüllt werden,
das größte Talent braucht lange, um zu reifen,
der höchste Ton ist schwer zu hören,
die vollkommene Gestalt
kann nicht leibhaftig werden.

Das Tao ist nirgends zu finden.
Und doch ernährt es alle Dinge
und führt sie ihrer Erfüllung zu.

TAO TE KING § 41

Meditation des Lichts im Osten und im Westen

5

Ich habe zuweilen von einem Lichte gesprochen, das in der Seele ist, das ist ungeschaffen und unerschaffbar. Dieses nämliche Licht pflege ich immerzu in meinen Predigten zu berühren. Und dieses selbe Licht nimmt Gott unmittelbar, unbedeckt entblößt auf, so wie er in sich selbst ist.

MEISTER ECKHART

Ewiges Licht, das alles erschaffene Licht über-strahlt, »lass deinen Glanz aus der Höhe blit-zen«, dass es das Innerste meines Herzens tief durchdringe (Ps 144,6). Läutere, erfreue, erhelle und belebe meinen Geist samt seinen Kräften, dass ich dir anhange in jubelndem Entzücken!

THOMAS VON KEMPEN

Sowohl im Westen als auch im Osten gibt es eine weitverbreitete Tradition der Praxis der Lichtmeditation. Da es sich beim Licht um eine äußerst subtile Wirklichkeit von hoher psychologischer und spiritueller Bedeutung handelt, bot und bietet es sich nach wie vor als einer der direktesten und einfachsten Zugänge zur Welt der Meditation und zur Begegnung mit dem Heiligen in uns und im Universum insgesamt an.

Im Grunde ließen sich Ost und West von der folgenden Vorstellung leiten: Ein Strahl unendlichen und heiligen Lichts leuchtet über unserem Haupt auf, durchdringt unser Sein, durchflutet es mit Helligkeit. Es stärkt die Biophotonen der DNA in den Zellen und unsere innere Sonne, heilt unsere Verletzungen und verwandelt uns selbst in Licht. Dieses Eindringen des unendlichen Lichts in uns ermöglicht es uns, bewusst mit ihm zu kommunizieren, und es geleitet uns in den Raum des Göttlichen.

Die Meditation des Lichts im Geist des Ostens

Bekannt ist die buddhistische Methode der Lichtmeditation. Sie wird als die unmittelbarste und allgemeinste Meditationsform (*jyoth*) betrachtet, da das Licht im Hinblick auf die göttliche Realität, die keine Gestalt hat, die geeignetste Analogie ist. Und so ist diese Meditationsmethode konkret aufgebaut.

Zur Einstimmung

- Entzünde eine Kerze vor dir, etwa in Augenhöhe.
- Setze dich in bequemer Position, aber immer in aufrechter Haltung und ohne den Kopf dabei hinabzubeugen.
- Entspanne den Körper vollständig. Schließe die Augen und folge im Geist den rhythmischen Bewegungen des Atmens, des Aus- und Einatmens.

Ich bin im Licht

- Wenn dein Geist ruhig geworden ist, dann öffne die Augen und betrachte aufmerksam das Licht der Kerze. Achte auf die drei Ebenen der einen Flamme: auf

das Rot am unteren Ende, das Gelb in der Mitte und das Blau an der Spitze.

- Achte auch auf die Aura und den Lichtschein, den die Kerze in ihrer Umgebung erzeugt. Ein brennender Kerzendocht hat mehr Macht als die Dunkelheit eines Raumes.

- Halte dieses Bild vom Licht in deinem Geist fest, sammle dich vor ihm und tritt in Kommunikation mit ihm. Dies ist der Augenblick, in dem du spürst, dass du im Licht bist.

Das Licht ist in mir

- Schließe die Augen. Führe die Flamme im Geist auf deinen Kopf. Stell dir vor, wie sich das Licht in Form einer Lotusblüte bis zum Herzen ausbreitet. Sie entfaltet ihre Blütenblätter vom Stängel aus, um das Herz völlig zu erleuchten und Gefühle der liebenden Zuneigung und des Wohlwollens darin aufsteigen zu lassen.

- Lass zu, dass das Licht deinen Körper bis zum Sonnengeflecht (dem Bauchnabel) durchdringt. Von diesem Zentrum aus stärke durch Ausstrahlung die Verbindung mit allen Dingen.

- Führe das Licht zu den Geschlechtsteilen, wo sich die Quelle des Lebens und die Kundalini befinden – jene kosmische Energie, die in sich selbst eingerollt dort

ruht und die erwachen und ihren Lauf durch den ganzen Körper nehmen kann.

- Lass das Licht durch das rechte Bein strömen, dann durch das linke. Das löst die Starre in den Beinen und verleiht ihnen Beweglichkeit.

- Führe nun das Licht wieder zurück, lass es an den Grund des Schlundes gelangen. Es breitet sich über den rechten und den linken Arm aus und verleiht den Armen die Fähigkeit zu Gesten, die trösten, unterstützen und den Weg weisen.

- Dann dringt das Licht in den Schlund, in die Augen, die Nase und die Ohren ein. Es aktiviert die Empfindsamkeit dieser Organe, damit sie stets das Gute auswählen, das, was das Leben und die Gemeinschaft unter den Menschen stärkt: durch Worte, durch das Zuhören und durch Gesten.

- Dann lass zu, dass das Licht den ganzen Kopf erfüllt, das ganze Gehirn erleuchtet für gute und konstruktive Gedanken der Versöhnung und des Friedens.

- Dies ist der Augenblick, in dem du spürst, dass das Licht in dir ist.

Ich selbst bin Licht

- Voller Leuchtkraft nimmst du selbst die Gestalt des Lichts an: Du breitest dich genauso aus, wie das Licht sich ausbreitet.

- Zuerst breitet sich das Licht in dem Raum aus, in dem du dich befindest. Dann im ganzen Haus, auf den Plätzen rund um das Haus, im Garten, in den Pflanzen und Tieren.

- Das Licht breitet sich immer weiter aus, es gelangt zu den Nachbarn. Du kannst es zu denen hinlenken, die du liebst, damit auch sie an dem Guten teilhaben, das das Licht erzeugt. Vergiss nicht, auch die Personen mit einzuschließen, die dich nicht gut leiden können. Das Licht ist großzügig wie die Sonne selbst. Es erleuchtet alle, Gerechte und Ungerechte, ohne Unterschied.

- Das Licht setzt seinen Prozess der Ausbreitung fort. Es erfüllt deine ganze Stadt, deine Region, dein Land, den Planeten Erde. Die Erde verwandelt sich in eine erleuchtete Kugel.

- Das Licht setzt seinen Weg in Richtung Unendlichkeit fort. Es erreicht den Mond, die Sonne, die Sterne und erfüllt die Milchstraße und die entferntesten Galaxien.

- Plötzlich gibt es nicht mehr mein Ich und die Welt, das Ich und das Universum. Du lässt die Dualitäten hinter dir. Alles ist eins.

- Das Licht, das wir selbst sind, begegnet dem Licht, das Gott ist. So entsteht die höchste Einheit, du tauchst ein in den Namenlosen, in das universale *Atma*, das *Shi*, die universale Energie und den Anfang aller Dinge, der selbst ohne jeden Anfang ist.

- In diesem Augenblick wirst du gewahr, dass du Licht

bist durch Gemeinschaft, dass du Gott bist in der Weise der Teilhabe.

- Verbleibe in diesem Zustand eine ganze Zeit lang und erlebe die menschliche und göttliche Glückseligkeit.

- Wann du es für angemessen hältst, kehre zu deinem Normalzustand zurück. Bring das Licht langsam zurück aus dem Unendlichen. Dabei durchläuft es die unterschiedlichen Sphären, bis es wieder zu deinem Herzen gelangt. Hier bleibt es als weiß leuchtende Glut, stets bereit, wieder entfacht zu werden.

- Schließe die Meditation mit einer Danksagung ab und gib dabei dein Leben und dein Schicksal dem Geheimnis anheim, welches das unendliche Licht ist.

Die Meditation des Lichts im Geist des Westens

Im Westen waren es die Platoniker, die Neuplatoniker und die Gnostiker, die die Lichtmeditation am meisten praktizierten – besonders im Norden Ägyptens, wo im Gefolge der großen Philosophen Plotin und Philon von Alexandrien eine einflussreiche spirituelle Schule kräftig gedieh. Viele bildeten sogar eine Schule, die sich »Therapeuten der Wüste« nannte. Auch die Christen, die ja wussten, dass Gott Licht und dass Jesus das Licht der Welt ist, nahmen diese Meditationsmethode an und praktizierten sie.

Die Aufnahme des unendlichen Lichts

Ihre Methode war und ist praktisch mit der des Ostens identisch. Für die Menschen im Osten war das Licht ein Strahl, der vom universalen Geist ausging. Für die Christen kommt es vom Heiligen Geist, dem *Lux Beatissima*[*], dem »höchsten Licht«, und entzündet sich auf dem Haupt der Menschen. Es ist Gott, der als Licht in die Welt kommt und der nach

---

[*] Wörtlich übersetzt heißt dies das »glückseligste Licht«.

dem Prolog des Johannesevangeliums »jeden Menschen erleuchtet« (Joh 1,9). Der Mensch muss diese Ankunft des Lichts nur annehmen und sich ihr vollkommen öffnen.

Das Licht durchströmt den ganzen Körper und die Seele, es erleuchtet die Erde, alle Dinge und das gesamte Universum, bis es schließlich zu seiner Quelle im Geist Gottes zurückkehrt. Am Ende kommt es zu einer unaussprechlichen Ausgießung von Liebe, klarem Verständnis der Wirklichkeit, von Leben und Gemeinschaft mit Gott, der das Ganze ist.

Den »Pfad Gottes« öffnen

Zwei Deutsche wurden durch eine ähnliche Meditationsmethode bekannt: Ulrich Seibert und Hans Luther. Letzterer schrieb ein kleines Buch mit dem Titel: »Ein Leben in Glück und Zufriedenheit durch das Öffnen der Gasse Gottes«.

Beide entwickelten eine Methode, die im Grunde bereits in der Tradition sowohl des Ostens als auch des Westens zu finden war. Diese beiden Autoren sprechen eher von »Lebensenergie« als von »Licht«. Diese erhält und belebt unser gesamtes Sein, bis in die verborgensten Zellen hinein. Eine solche Energie verweist auf eine andere, nämlich die unendliche und allmächtige Energie – ein anderer Name für Gott

und den Heiligen Geist, der sich ständig über allen Wesen konzentriert und in besonders dichter Weise bei denen sichtbar wird, die ein Gehirn besitzen. Am meisten entfaltet er sich beim mit Bewusstsein ausgestatteten Menschen.

Diese höhere Energie lässt niemals davon ab, das Wesen des Menschen zu durchdringen. Niemand kann sich ihr je entziehen, denn ohne diese Energie könnte niemand leben. Der Mensch kann sich ihr immer stärker bewusst öffnen.

Der Ort, an dem diese höhere Energie sich verdichtet, ist der Hirnbalken, das *Corpus callosum*, über das wir bereits weiter oben gesprochen haben. Es handelt sich dabei also um jene Gesamtheit von Nervenbündeln und -fasern, die die beiden Gehirnhälften voneinander trennen und sie zugleich miteinander verbinden und die auch den ältesten Teil des Gehirns, den Hirnstamm, aktivieren. Dieser Teil des Gehirns wird von den beiden Autoren die »Gasse Gottes« genannt, was ich hier mit dem schöneren Ausdruck »Pfad Gottes« wiedergebe.

Wenn der Mensch die Öffnung dieses göttlichen Pfades bewusst herbeiruft, dann dringt die Energie des Schöpfergeistes von selbst tief in ihn ein und erfüllt seine ganze Wirklichkeit mit Energie.

Wir alle leben ständig in der polaren Spannung zwischen Ich und Welt, Gefühl und Vernunft, Sichtbarem und Unsichtbarem, Innen und Außen, *animus*

(männlich) und *anima* (weiblich), Zeit und Ewigkeit, linker und rechter Gehirnhälfte. Der Fluss dieser unendlichen Energie vereint, was getrennt ist, ermöglicht die Koexistenz der gegensätzlichen Pole und erzeugt eine Erfahrung der Nicht-Dualität, einer dynamischen Einheit der menschlichen Energien mit den Energien des Universums. Alle Möglichkeiten des Menschen, ob sie nun bewusst oder unbewusst sind, die Tugenden, die Fähigkeiten des Fühlens, des Denkens und des Wollens werden angeregt und gestärkt. In Kontakt mit dem göttlichen Geist wird der menschliche Geist aufmerksam auf Botschaften und sensibel für künftige Ereignisse. Die allmächtige Energie stärkt die Organe und kann sogar körperliche und geistige Erkrankungen heilen.

Die einzelnen Schritte der Meditation

Die Meditation zur Öffnung des Pfades Gottes wird in folgenden Schritten vollzogen:

- Setze oder lege dich entspannt hin, ohne dabei die Beine zu überkreuzen.
- Wenn du sitzt, lege die offenen Handflächen auf die Oberschenkel, damit sich der Energiekreislauf schließt. Wenn du liegst, lege die Handflächen an den Körper an.

- Schließe deine Augen.
- Durch deinen Willensentschluss öffnest du im Geist den Pfad Gottes, das *Corpus callosum*. Um dies zu erreichen, kannst du dir zum Beispiel die Kuppel einer Sternwarte vorstellen, die sich zum Sternenhimmel hin öffnet. Du kannst dir aber auch eine Knospe vorstellen, die zum Licht hin aufspringt. Das sind bloß Hilfsmittel, die die Öffnung des Pfades Gottes erleichtern sollen.
- Konzentriere dich nun auf die Energie des göttlichen Geistes, die über den Pfad Gottes von einem Punkt zum anderen fließt. Freue dich über die heilige Ankunft dieser Energie.
- Konzentriere dich nun darauf, dass die göttliche Energie durch deinen ganzen Körper strömt: durch den Kopf, die Lungen, das Herz, den Genitalbereich und die unteren Gliedmaßen (Beine und Füße), und wieder zurück. Dieser Weg beschreibt einen großen energetischen Kreislauf.
- Mache dir nun bewusst, dass diese göttliche Energie das ganze körperliche und geistige Wesen des Menschen heilt, belebt, kräftigt und stärkt.
- Lass dir dann genügend Zeit, um zu spüren, wie diese Energie in dich einströmt, bis du dich ganz von ihr durchdrungen fühlst.
- Am Schluss danke dem lebendigen Gott dafür, dass er gekommen ist und unser ganzes Wesen erfüllt hat.
- Lass es nun geschehen, dass sich der Pfad Gottes lang-

sam wieder schließt, bis hin zu jener winzigen Öffnung, die dauernd vorhanden ist, unabhängig von unserem Willen. Für Gott jedoch ist nichts verschlossen.

Es ist ratsam, diese Meditation am Morgen durchzuführen, nachdem man aufgestanden ist. Dann wird sie den Tag des Meditierenden mit Energie ausstatten, mit der er die Höhen und die Tiefen des Menschseins – Mühen, Sorgen, Freuden, Erfolge und Überraschungen – besteht. Außerdem ist es ratsam, diese Meditation abends vor dem Zubettgehen zu wiederholen, um das Leben von Neuem mit Energie auszustatten, es dem Plan Gottes anheimzustellen und ihm für den durchlebten Tag zu danken.

Diese Übung kann auch in kürzerer Form während des Tages durchgeführt werden: auf dem Weg zur Arbeit, beim Spazierengehen, wenn man im Auto oder im Bus sitzt, an einer roten Ampel warten muss oder sich hinsetzt, um einen Kaffee zu trinken oder eine kleine Pause zu machen. Diese Übung bewirkt letztlich, dass das Leben als leichter, spiritueller und sicherer empfunden wird, weil ihm das göttliche Licht, das uns niemals fehlt, Orientierung gibt.

Das Tao bringt alle Dinge ins Dasein,
die Kraft des Te erhält sie im Sein.
Ein jedes nimmt eine physische Gestalt an,
die durch seine Umgebung geformt wird.
Ein jedes gibt dem Tao die Ehre
und erweist dem Te Ehrerbietung,
nicht aus irgendeinem Zwang heraus,
sondern vielmehr, weil dies genau
ihr Wesen ausmacht.

Das Tao verleiht allen Wesen Leben,
die Kraft des Te ernährt sie,
pflegt sie, lenkt ihre Entwicklung,
spendet ihnen Trost und gewährt ihnen Schutz.

Zu schaffen, ohne zu besitzen,
zu handeln, ohne etwas zu erwarten,
zu leiten, ohne Kontrolle auszuüben:
Das ist das Geheimnis der Kraft des Te.

Tao Te King § 51

6

Meditation des höchsten Lichts

Ich möchte nun aus meiner persönlichen Erfahrung heraus eine bestimmte Weise der Meditation des Lichts vorschlagen. Ich versuche darin, die Elemente der Lichtmeditation in der Tradition des Westens und des Ostens miteinander zu verknüpfen. Eine Bereicherung erfährt diese Meditationsmethode darüber hinaus durch die Erkenntnisse der neuen Kosmologie und der Neurowissenschaften, die ich weiter oben ausführlich dargestellt habe.

Mein Vorschlag entwertet die anderen, traditionelleren Methoden nicht, er will diesen lediglich eine Gestalt geben, zu der wir heutige Menschen einen leichteren Zugang finden. Ich nenne diese Meditationsform »Meditation des höchsten Lichts«. Dieser Ausdruck des »höchsten Lichts« findet sich bereits in dem aus der Antike stammenden Hymnus der Christen an den Heiligen Geist, der zu Pfingsten gesungen wird. Der lateinische Text lautet: *O Lux Beatissima, reple cordis intima, tuorum fidelium* (»Du höchstes Licht, erfülle das Innerste der Herzen deiner Gläubigen«). An einer anderen Stelle dieses Hymnus wird der Geist das *Lumen cordium*, also das »Licht der Herzen«, genannt. Weiter heißt es: *Sine tuo numine, nihil est in homine, nihil est innoxium* (»Ohne die Er-

leuchtung durch dich existiert nichts im Menschen, existiert nichts, das heil wäre«).*

Da sich dieser Hymnus sehr gut als Gebet zu Beginn der Meditation des Lichts eignet, möchte ich ihn hier auf Lateinisch und in der freien deutschen Übersetzung wiedergeben, die vielen Christinnen und Christen aus ihrem Gesangbuch vertraut ist:

---

*   Diese Pfingstsequenz nannte man auch die »goldene Sequenz«. Sie stammt aus dem 13. Jahrhundert und wird heute meist Stephan Langton, dem Kardinalerzbischof von Canterbury (um 1220), zugeschrieben. Eine andere Tradition weist Papst Innozenz III. (um 1216) als Verfasser aus. Der Text findet sich im katholischen Gesangbuch, dem »Gotteslob«, auf Lateinisch und Deutsch unter den Nummern 243 und 244.

Veni, Sancte Spiritus,
et emitte caelitus
lucis tuae radium.

Komm herab, o Heilger Geist,
der die finstre Nacht zerreißt,
strahle Licht in diese Welt.

Veni, pater pauperum,
veni, dator munerum,
veni, lumen cordium.

Komm, der alle Armen liebt,
komm, der gute Gaben gibt,
komm, der jedes Herz erhellt.

Consolator optime,
dulcis hospes animae,
dulce refrigerium.

Höchster Tröster in der Zeit,
Gast, der Herz und Sinn erfreut,
köstlich Labsal in der Not.

In labore requies,
in aestu temperies,
in fletu solacium.

In der Unrast schenkst du Ruh,
hauchst in Hitze Kühlung zu,
spendest Trost in Leid und Tod.

O lux beatissima,
reple cordis intima
tuorum fidelium.

Komm, o du glückselig Licht,
fülle Herz und Angesicht,
dring bis auf der Seele Grund.

Sine tuo numine,
nihil est in homine,

nihil est innoxium.

Ohne dein lebendig Wehn
kann im Menschen nichts
bestehn,
kann nichts heil sein noch
gesund.

Lava quod est sordidum,
riga quod est aridum,
sana quod est saucium.

Was befleckt ist, wasche rein,
Dürrem gieße Leben ein,
heile du, wo Krankheit quält.

Fove quod est frigidum,
Flecte quod est rigidum,
rege quod est devium.

Wärme du, was kalt und hart,
löse, was in sich erstarrt,
lenke, was den Weg verfehlt.

Da tuis fidelibus,
in te confidentibus,
sacrum septenarium.

Gib dem Volk, das dir vertraut,
das auf deine Hilfe baut,
deine Gaben zum Geleit.

Da virtutis meritum,
da salutis exitum,
da perenne gaudium.
Amen.

Lass es in der Zeit bestehn,
deines Heils Vollendung sehn
und der Freuden Ewigkeit.
Amen.

Ritus zur inneren Vorbereitung

Auf die Begegnung mit dem höchsten Licht müssen wir uns vorbereiten, denn es handelt sich dabei um ein Ereignis von großer existenzieller Bedeutung. Diese Vorbereitung kann man in Form einer kleinen Konzentrationsübung sehr einfach gestalten.

Zur Einstimmung

- Du kannst dich auf die Bettkante oder auf einen Stuhl setzen, wähle nach Möglichkeit den ruhigsten Ort im Haus.
- Schließe nun deine Augen und versuche, für einige Augenblicke deinen Atem bewusst zu kontrollieren.
- Sprich im Geist ein kleines Gebet, etwa folgendermaßen: »Komm, himmlisches Licht, mächtige Energie voller Liebe, die mich erschaffen hat und immer wieder neu erschafft, erfülle mein ganzes Sein mit Leben und bring mich in Verbindung mit allen Seinsformen des Universums und schließlich mit der Quelle allen Seins.«

Für viele mag es hilfreich sein, für diese Vorbereitung mehr Zeit aufzuwenden und sie ausführlicher und intensiver zu gestalten. Man kann sich dabei an zwei grundlegenden Riten orientieren. Ihr Sinn liegt darin,

den inneren Raum für den Empfang der universalen Energie, die für uns Christen der Heilige Geist ist, zu öffnen. Diese universale Energie ist stets gegenwärtig, auch wenn wir sie uns nicht immer bewusst machen oder ihrer in unserem Inneren gewahr werden.

Erster Ritus

- Knie dich nieder. Schließe deine Augen. Strecke deine Arme zum Himmel empor, so weit du kannst.
- Versuche dann, dich so gut wie möglich auf diese Energie zu konzentrieren, die das Universum erfüllt, die dich von allen Seiten umgibt, die dich durchströmt und sich als das höchste göttliche Licht zu erkennen gibt.
- Sprich einen Lobpreis für Gott, der Gemeinschaft ist, etwa mit folgenden Worten: »Komm, universale Energie, die mich erschafft, immer wieder von Neuem, und die mich erhält. Komm und erfülle mein ganzes Sein mit Leben, bringe mich in Verbindung mit allen Wesen des Universums und lass mich eintreten in die Gemeinschaft mit Gott. Ehre sei dem Vater, dem Sohn und dem Heiligen Geist.«
- Wiederhole diesen kleinen Lobpreis in Gedanken immer wieder, wie ein Mantra, bis du spürst, dass du eingetaucht bist in den Ozean der universalen Energie, und wahrnimmst, dass du tatsächlich in Verbindung mit dem Gott kommst, der Gemeinschaft von Personen ist.

Zweiter Ritus

- Knie dich nieder. Beuge dich hinab, bis du mit der Stirn den Boden berührst. Auf diese Weise ahmst du die Haltung des Embryos im Mutterleib nach.

- Beuge deine Arme so, dass die Unterarme ganz mit dem Boden in Berührung sind. Die geöffneten Hände berühren dabei ebenfalls den Boden.

- Dann konzentriere dich und öffne dich völlig für die Ankunft der universalen Energie. Versinke in die tiefe Anbetung Gottes, des höchsten Lichts. Wiederhole dazu im Geist immer wieder die Worte: »Komm, universale Energie, die mich erschafft, immer wieder von Neuem, und die mich erhält. Komm und erfülle mein ganzes Sein mit Leben, bringe mich in Verbindung mit allen Wesen des Universums und lass mich eintreten in die Gemeinschaft mit Gott. Ehre sei dem Vater, dem Sohn und dem Heiligen Geist.«

- Richte dich wieder auf, strecke deine Arme zum Himmel empor und wiederhole das Gebet noch einmal.

- Beuge dich wieder zum Boden hinab, verharre eine Zeit lang in dieser Stellung, in tiefer Anbetung und Anrufung. Diese Körperhaltung stellt eine tiefe Verbundenheit mit der Erde her, während du in deinem Geist in eine besondere Beziehung mit dem Universum und mit Gott, der Gemeinschaft ist, eingehst.

Die zehn Schritte der Meditation des höchsten Lichts

Wenn der Ritus zur inneren Vorbereitung abgeschlossen ist, kann die Meditation des höchsten Lichts beginnen. Ich stelle nun jeden der insgesamt zehn Schritte vor.

Sitzhaltung

- Setze dich bequem hin. Die Schultern sind dabei aufrecht und gerade, die Beine überkreuzt (wie auf der Abbildung auf Seite 116).
- Lege deine Handflächen auf die Knie, um zu verhindern, dass das Licht ziellos verströmt. Es soll im Körper bleiben und diesen ganz durchfluten.
- Schließe die Augen. Dein Kopf ist dabei aufrecht und nach vorne gerichtet, so als würdest du in die Ferne blicken.
- Bitte um das Kommen der universalen Energie in Gestalt des höchsten Lichts, welches der Heilige Geist ist. Sie verdichtet sich und kommt wie ein ganz feiner Strahl herab, aus dem tiefsten Inneren des Universums heraus und aus dem Schoß Gottes selbst, der Gemeinschaft ist.
- Du folgst nun den Zentren der Lebensenergie, den

Chakras, welche die Tradition des Ostens so gründlich erkundet hat.

Erster Schritt

- Beginne damit, bewusst die dichteste und höchste Energiequelle zu aktivieren, die in dir ist, nämlich das Chakra oberhalb deines Kopfes. Damit sich das Licht völlig dorthin konzentriert, verstärke dieses Energiezentrum in deiner Vorstellung, bis du es in Gestalt eines goldenen Kreises vor Augen hast, ähnlich der Aureole, dem »Heiligenschein«, die wir von den Darstellungen der Heiligen kennen.
- Plötzlich wirst du merken, dass sich ein Lichtstrahl ausbreitet und dich völlig zu umhüllen beginnt. Du wirst dich eingetaucht fühlen, als wärst du eine von der Sonne erleuchtete Wolke. Es ist die universale Energie, die sich über dir verdichtet ...
- Verharre eine Zeit lang in diesem Zustand des Eingetauchtsein, ruhig und weit wie der Ozean.

Zweiter Schritt

- Mache dich nun bereit, um das höchste Licht in deinem Inneren aufzunehmen. Öffne in deiner Vorstellung den Hirnbalken, das *Corpus callosum,* jene Verbindung zwischen den beiden Hirnhälften, die auch der »Pfad Gottes« genannt wird. Normalerweise ist diese Verbindung geschlossen. Sie trennt die beiden Gehirnhälften voneinander, aber sie verbindet sie zu-

gleich. Doch für die universale Energie ist nichts verschlossen.

- Öffne diese Verbindung wie die Kuppel einer Sternwarte für das in seiner überwältigenden Größe von Sternen erfüllte Universum.

- Verharre in dieser inneren Haltung ausreichend lange. Es geht dabei darum, das Tor langsam zu öffnen, durch welches das höchste Licht eintreten kann. Rufe dieses Licht immer wieder an, rufe es an, und es wird kommen.

Dritter Schritt

- Lenke nun das Licht im Geiste zur linken Gehirnhälfte. Sie ist der Sitz des Denkens, deiner Vorstellungen, deiner Weltanschauung und der rationalen Prozesse, mit deren Hilfe du dein Leben und dein Tun bewusst orientierst und steuerst.

- Lass zu, dass das höchste Licht das Innerste deiner Gedanken durchdringt, damit sie sich auf das richten, was wahr und richtig ist, damit sie sich darauf konzentrieren, Beziehungen von echter Menschlichkeit zu schaffen, Beziehungen, die auch die Umwelt mit einschließen.

- Möge das höchste Licht deine verzerrten Sichtweisen korrigieren, deine Vorurteile aufdecken und dich von schlechten Gedanken frei machen.

Vierter Schritt

- Danach lenke das höchste Licht zur rechten Gehirnhälfte, den Sitz deiner großen Träume, deiner verborgensten Sehnsüchte, der aus der Tiefe der Menschheitsgeschichte kommenden Archetypen und der
  starken Gefühle, die dich in deinem Leben bewegen.
- Bitte das höchste Licht darum, dass es die Energien
  der Liebe, der Freundschaft, der Solidarität, des Mit-
  leids und des Vertrauens erwecken möge. Bitte darum,
  dass es deine Emotionen reinige, die sich so oft auf-
  bäumen, so oft von Neid, Ausgrenzung anderer und
  manchmal auch von Hass erfüllt und beladen sind.
- Das Licht möge dir eine Vorstellung von der Ganzheit vermitteln, damit du den Teil nicht für das Ganze
  hältst und damit du dir aber andererseits das Ganze
  nicht als etwas Abstraktes vorstellst, in dem – ohne
  jede bewertende Unterscheidung gesprochen – alles
  gleichermaßen Platz hat.

Fünfter Schritt

- Lenke danach das höchste Licht auf den Stirnlappen.
  Dort, zwischen den Augenbrauen, befindet sich das
  Chakra der Stirn und der Schläfen, auch das »dritte
  Auge« genannt. Typisch für diese Hirnregion ist, dass
  hier intuitiv erfasst wird, was sich in Zukunft ereignen

wird, dass hier die Tatsachen vorweggenommen werden. Typisch für diese Hirnregion ist auch die Wahrnehmung der Aura einer Person, die feindselige oder wohltuende Atmosphäre, die von der Anwesenheit einer Person ausgeht oder bestimmte Orte, Häuser oder Gegenden kennzeichnet. Der Stirnlappen ist vielleicht der Sitz des wichtigsten Teils deines Verstandes. Hier vollzieht sich in gewisser Weise die Synthese aller Verschaltungen und Verknüpfungen im Gehirn. Und hier findet sich auch das spezifisch Menschliche, die spirituelle und ethische Dimension, das Sensorium für Verantwortlichkeit, Fürsorge und aller Werte, die dein Leben ständig begleiten.

- Im Schläfenlappen haben die Neurologen den sogenannten Gottespunkt oder mystischen Geist lokalisiert, das heißt jene neuronale Dynamik, die dich für das Mysterium des Universums und des Lebens empfänglich macht, die dir die Perspektive der Ganzheit vermittelt. Rufe das höchste Licht an und bitte es darum, dass es den »Gottespunkt« kraftvoll aktiviert, damit er deinen Weg wie die Sonne erleuchte und deinem Handeln einen Sinn verleihe.

- Du stehst vor Gott, bist vom Heiligen Geist erleuchtet. Spüre die göttliche Atmosphäre, die heilige Wirklichkeit Gottes, der dich ganz durchdringt und dich als seinen Sohn und seine Tochter zur Welt bringt. Begib dich in eine liebevolle Gemeinschaft mit dem höchsten Licht. Lass dich von ihm ergreifen.

Sechster Schritt

- Lenke nun das höchste Licht über das Chakra des
  Schlundes zur Lunge. Hier findet die Verbindung mit
  dem umfassenden Netz des Lebens statt, die Verbindung mit allem, was atmet und sich bewegt. Du bist
  ein Glied in der Kette des Lebens. Dieses Leben erhält
  sich durch den Austausch, durch Empfangen (Einat-
  men) und Geben (Ausatmen). Die universale Energie,
  die alles erfüllt, und alle anderen Energien des Universums treten in dich ein und gehen aus dir hervor.
- Bitte darum, dass du ein Leben reichhaltiger Beziehungen und der Offenheit führst. Möge alles, was in
  dich eingeht, dir zum Wachstum verhelfen, und alles, was aus dir hervorgeht – zum Beispiel ein Blick,
  ein Wort, ein guter Ratschlag, eine Ermahnung oder
  eine Kritik – Aufnahme finden und in den Lebenssaft
  eingehen, der die einzelnen Menschen und die Gesell-
  schaft insgesamt erhält und nährt.
- Wir Menschen zeichnen uns durch die Sprache aus, einer nur dem Menschen zukommenden Besonderheit.
  Das Universum der Sprache möge dich selbst menschlicher machen und dazu beitragen, dass andere besser
  und in ihrem Lebensentwurf stärker unterstützt werden.

Siebter Schritt

- Dann lenke das höchste Licht auf das Chakra des Herzens. Dies ist der Ort dessen, was die Menschen auszeichnet: Liebe, Freundschaft, großzügige Aufnahmebereitschaft, Mitleid, solidarisches Mitgefühl.
- Bitte das höchste Licht darum, dass es dir ein Herz geben möge, das zur bedingungslosen Liebe fähig ist, das fähig ist, die geliebte Person zu lieben; ein Herz, das empfänglich ist für jeden Schmerz, das offen ist für die Andersheit und imstande ist, zu vergeben.
- Möge das höchste Licht dich aus jeder Art von Gleichgültigkeit, Zynismus und Verschlossenheit in dich selbst herausreißen. Dein Herz möge in den Rhythmus der Herzen aller Dinge und des Herzens Gottes einschwingen.

Achter Schritt

- Lenke das höchste Licht zum Chakra des Sonnengeflechts um den Bauchnabel. Durch dieses Chakra tritt das höchste Licht ebenso wie die belebenden Energien der Natur normalerweise ein. Es lässt dich die Verbundenheit, gleichsam wie durch eine Nabelschnur, mit allen übrigen Wesen spüren und lässt dich empfinden, dass du im Herzen Gottes selbst verankert bist.

- Bitte das höchste Licht darum, dass es dich stets spüren lässt, dass du mit dem Ganzen und mit der Geschichte der Welt verbunden bist. Es möge dich von aller Zentriertheit auf dich selbst und von aller Selbstverschließung befreien.

- In deinem Magen und in deinem Darm, von deiner Bauchspeicheldrüse, deiner Leber und anderen Organen werden aus deiner Nahrung die Energien aufbereitet, die dein Leben erhalten. Danke dem höchsten Licht für seine schöpferische und verändernde Kraft.

Neunter Schritt

- Lenke das höchste Licht nun zum Chakra des Kreuzbeins (diese Körperregion heißt auch »Sakralbereich«), dem Sitz deiner Vitalkräfte, deiner Fähigkeit zur sexuellen und emotionalen Beziehung zu deinem Partner oder deiner Partnerin.

- Integriere diese Energien in das Ensemble aller übrigen Energien. Fixiere dich niemals auf dieses vitale Zentrum und dieses Chakra, soviel Lust es dir auch bereiten mag. Mögest du seine kosmische Kraft spüren, die von dir Integration, Sublimierung und Enthaltung verlangt.

Zehnter Schritt

- Lenke das höchste Licht schließlich in die Gesäßregion. Hier konzentriert sich die universale Energie in Gestalt einer sich schlängelnden Flamme, der Kundalini. Du sitzt also auf einem Energievulkan, der die gesamte Lebenskraft deines Körpers und deines Geistes in Dynamik versetzt. Behandle ihn mit höchster Ehrfurcht. Wenn du ihn weckst, dann solltest du dies mit größter Vorsicht zu tun verstehen, mit jener Behutsamkeit, mit der wir auch das Feuer behandeln, denn ein noch so kleiner Docht kann einen Wald in Brand stecken.

- Die universale Energie kann dich erleuchten und dich mit der Wärme erfüllen, dir den Willen vermitteln, zu leben, zu wachsen, dich zu entfalten und Stufe für Stufe die Bewusstseinsebenen zu erklimmen, die zu Weisheit und Erleuchtung führen.

- Nun hast du also den Ausgangspunkt der Energiezentren erreicht, das basale Chakra. Erwecke die universale Energie, bringe die Kundalini, die sich schlängelnde Flamme, zu vollkommener Wachheit. Lass sie aufsteigen, so wie sie vorher abgestiegen ist.

- Durchlaufe den Weg noch einmal, aber nun in umgekehrter Richtung. Durchlaufe noch einmal jedes Energiezentrum, jedes Chakra, und steige dabei langsam empor. Halte bei jedem Chakra inne, um es zu stärken: beim Genitalbereich, beim Solarplexus, beim

Chakra des Herzens, beim Chakra des Schlundes, im Schläfenbereich, wo sich der »Gottespunkt« befindet, und oberhalb des Kopfes.

- Dieser Abstieg und der darauf folgende Aufstieg werden deine Energien völlig neu beleben. Körper und Geist werden sich gegenseitig durchdringen, dein Körper wird durchgeistigt, dein Geist verleiblicht. Auf diese Weise werden beide den Sinn für die Einheit, das Ganze und das pulsierende Leben erlangen.

Wie man die Meditation der zehn Schritte abschließt

- Nachdem du die Meditation in ihrem zweifachen Durchlauf, Abstieg und Aufstieg, beendet hast, öffne langsam die Augen.
- Danke dem höchsten Licht, dem Heiligen Geist, für sein Kommen. Er hat vereint, was getrennt war, integriert, was zerstreut war, die Synthese zwischen dem Diabolischen und dem Symbolischen vollzogen. Nun fühlst du dich von Neuem belebt. Abschließend kannst du ein Gebet sprechen:

SCHLUSSGEBET

*Du höchstes Licht, das das ganze Universum,
jedes Wesen und mein tiefstes Inneres durchdringt: Ich danke dir, dass du zu mir gekommen
bist und alle meine Energien von Neuem belebt
hast. Halte meinen spirituellen Sinn stets lebendig und lass meinen Gottespunkt stets aktiviert
sein.*

*Du, der du der Schöpfergeist bist und alle Dinge
vereinst, lass mich eintreten in die Gemeinschaft
des Universums und aller Wesen. Lass mich
besonders mit denen verbunden sein, die leiden.
Führe mich in Gottes Schoß, um zur Ruhe zu
kommen, unaufhörlich zu loben und zu danken
und in unendlicher Gemeinschaft zu leben.
Amen.*

- Schließe bewusst den Pfad Gottes und lass zu, dass dich die universale Energie ständig umgibt, dich den ganzen Tag über begleitet wie eine wohltuende Wolke.
- Du kannst diese Meditation in einem Zeitraum von zehn bis fünfzehn Minuten durchführen, du kannst dir dafür auch mehr Zeit nehmen, ganz, wie es dein Herz begehrt ...

Die Lichtmeditation im Alltag

In der Meditation des höchsten Lichts, wie wir sie bisher kennengelernt haben, nimmt der Meditierende eine ruhige Sitzhaltung ein. Doch wir können genau diese Meditationsübung auch in einer anderen Stellung, unter anderen äußeren Umständen und in kürzerer Zeit durchführen.

Mitten im Gehetze des Alltags oder wenn uns die unvermeidlichen Sorgen des Lebens umgeben, mögen wir das Bedürfnis nach Licht für unsere Probleme oder den Wunsch nach innerem Frieden verspüren.

Bei diesen Gelegenheiten können wir rasch die universale Energie, den Schöpfergeist, anrufen und den Pfad Gottes öffnen, damit das höchste Licht in uns in intensiverer Weise Eingang finde und bis zur Kundalini gelangt, der aufs höchste konzentrierten Energie, um sie zu erwecken und sie einzuladen, ihren Lauf durch die Lebenszentren des Körpers anzutreten.

Auf dem Weg zur Arbeit

Egal, ob wir zu Fuß gehen, im Bus oder mit dem Auto zur Arbeit fahren: Es genügt, wenn wir unsere Gedanken kurz der universalen Energie zuwenden und das höchste Licht im Geiste anrufen. Auf diese Weise werden wir von Energie erfüllt und vom göttlichen Atem durchströmt.

An der roten Ampel

Viele Menschen, besonders in den Zentren der großen Städte, benutzen ihr eigenes Auto, stehen im Stau oder müssen häufig an einer roten Ampel halten. Dies ist eine hervorragende Gelegenheit, um eine kurze Meditation durchzuführen, ohne alle zehn Schritte durchlaufen zu müssen. Es genügt, sich in Gedanken der universalen Energie zu öffnen, den Pfad Gottes zu erschließen, um zur Mitte zu gelangen, sich begleitet und vor etwaigen Unfällen geschützt zu fühlen.

In der Fabrik, am Schreibtisch, in der Küche ...

In unserem Alltag gibt es immer kleine Pausenzeiten, ob wir nun in einer Fabrik mit Geräten hantieren, am Schreibtisch arbeiten oder in der Küche

Essen zubereiten ... Diese Pausen sind eine gute Gelegenheit, um rasch das höchste Licht anzurufen, sich der universalen Energie zu öffnen und den Pfad Gottes zu erschließen. So bekommt man bei dem, was man tut, kleine Dosen von Wohlgefühl, Freude, Ruhe und Erleuchtung.

Stärkung der Körperkräfte

Hilfe für das Immunsystem

Wir können das höchste Licht bewusst als Energiequelle nutzen. In der Meditation entfaltet es seine wohltuende, entspannende und stärkende Wirkung. So können wir den Pfad Gottes öffnen, das Fließen der universalen Energie spüren und sie durch unseren ganzen Körper lenken. Er wird von Milliarden von Viren, Bakterien und anderen Mikroorganismen besiedelt, die für das Gleichgewicht unseres Lebens sorgen.

Einige Viren sind schrecklich, zum Beispiel das Pockenvirus, das man aber wenigstens mit Medikamenten in Schach halten kann, oder das Ebolavirus, Sars, HIV oder andere, häufigere, wie die Grippe-Viren. Sie alle haben ihre Funktion. Doch wenn es zu Störungen kommt, können sie bösartig sein. Rufen wir das höchste Licht an, damit sie für die Stärkung unseres Lebens und unseres Immunsystems wirken.

Für Augen, Hände, Füße

- Führe das Licht zu den Augen, die sich entspannen, Ruhe und größere Klarheit finden werden.
- Lenke die universale Energie, das höchste Licht, zu den Händen. Öffne sie, lege die Finger ineinander, reibe die Handflächen langsam aneinander. Deine Hände werden geschmeidiger und geschickter werden.
- Lass das höchste Licht zu deinen Füßen hinabsteigen. Sie tragen uns den ganzen Tag; sie ermüden, stolpern über irgendwelche Gegenstände, können uns hinfallen lassen. Die universale Energie stärkt sie und hilft uns, gute Wege zu beschreiten. Sie bewahrt uns vor Unfällen und überraschenden Stürzen.

Bei Krankheit

Wir haben immer irgendein Problem mit unserem Körper, irgendeine Krankheit oder ein Handicap. Manchmal sind wir von schweren Erkrankungen betroffen, mitunter sogar von solchen, die unser Leben verkürzen können. Dies ist die große Gelegenheit, die universale Energie und den schöpferischen und heilenden Geist anzurufen und zuzulassen, dass er direkt in die erkrankten Organe fließt: in das geschwollene Knie, in die Hüfte, die wehtut, in den schmerzenden Kopf, die Leber, die nicht richtig funktioniert.

Andere Menschen wiederum sind von psychischen Erkrankungen betroffen, von Wahnvorstellun-

gen, von paranoiden Tendenzen, von schwer kontrollierbaren Gefühlen oder von Störungen, die aus der Komplexität des Lebens herrühren. Mit der Meditation des höchsten Lichts können wir auch kranke Körperregionen und unsere Psyche mit universaler Energie durchfluten lassen:

- Rufe das höchste Licht an und bitte es, ins Innere deines Geistes einzutreten, damit er erleuchtet werde, damit das, was krumm ist, aufgerichtet werde, damit das, was trübe ist, aufgehellt werde, damit das, was unruhig ist, ruhig werde.

- Verweile länger beim Geist, konzentriere deine Gedanken und intensiviere dein Bitten, dass das höchste Licht in dir die Energien der Hoffnung, des Lebenswillens oder auch der heiteren Annahme der Pläne Gottes, in dessen Händen unser Leben liegt, stärke.

- All diese kleinen Übungen, die ich aufgezeigt habe, sollten mit einem großzügigen Dankgebet für das intensivere Kommen des Geistes, der erschafft, beschützt und befreit, abgeschlossen werden. Wenn wir dies tun, werden wir ein Leben voller spiritueller Energie haben, die – im Gegensatz zu den materiellen Energien, die stets begrenzt und endlich sind – ihrem Wesen nach unerschöpflich und unendlich ist.

Tiefe Harmonie!
Gott war nicht fern,
war überhaupt nicht fern.
Der Zusammenklang der Töne
ließ alles eins sein.
Eine reine, beständige Kraft
verband alle Wesen miteinander,
eins um das andere.

Gott war das tiefste Ich,
das mein bewusstes Ich erfüllte.
Er fasste mich an der Wurzel, von Grund auf,
und vereinte Herz, Leib
und Verstand miteinander.
Spüren, dass es kein Draußen gibt!
Intensiv und erfüllt leben,
jeden Moment, hier und jetzt!

War dies nicht die Gnade?
Die höchste Gegenwart des Seins,
das alles vereint und verbindet?
Nun kann ich es spüren und sehen:
Der kostbare Wein und der Becher
bilden eine Einheit:
Gnade in Gnade!

LEONARDO BOFF

Heilsame Effekte
der Meditation
des höchsten Lichts

7

Wir leben in einer Welt der Dualitäten: zwischen dem eigenen Ich und dem der anderen, zwischen dem Menschen und der Natur, dem Weiblichen und dem Männlichen, der Vernunft und dem Gefühl, Gott und unserem Geist. Das ist die *Conditio humana*, die konkrete Daseinsbedingung des Menschseins! Es geht dabei nicht um einen Mangel, sondern um ein Charakteristikum unseres geschaffenen Wesens. Diese Dualität zeigt sich bereits in den beiden Gehirnhälften, die zwar voneinander getrennt sind und doch über den Hirnbalken, das *Corpus callosum,* miteinander kommunizieren.

Erfahrung der Überwindung der Dualismen

Das, was wir am allermeisten suchen, ist also eine Erfahrung der Integration und der Nicht-Dualität. Wir suchen eine Art und Weise, wie wir ganz sein können. Wenn wir in die universale Energie und in das höchste Licht eintauchen, das uns – zuerst von oben, dann von unten – durchströmt, so erzeugt diese Erfahrung in uns ein höheres Bewusstsein der Zugehörigkeit zu und der Einheit mit dem Ganzen. Mit dem Ursprungsquell allen Seins bilden wir eine Gemeinschaft.

Der erste Effekt der Meditation des Lichts in zehn Schritten ist ein tiefes Gefühl der integrierten Ganzheit unseres Wesens. Wir sind nicht dazu verdammt, in einzelnen, voneinander getrennten Abteilungen zu leben, sondern wir können innerhalb einer Ganzheit leben, der wir als ein Teil zugehören. Jedes einzelne unserer vitalen Zentren, der Chakras, wird aktiviert. Wir sind komplex, doch wir bilden eine harmonische Ordnung, so, als ob sich unterschiedliche Musiknoten in unserem Leben zu einer herrlichen Symphonie zusammenfügten.

Der Effekt dieser Integration ist das Gefühl der Entspannung und Lockerung. Es ist, als würde sich die Saite unserer Existenz, die ständig angespannt ist

im Lebenskampf, im täglichen Broterwerb, im Bestreben, das, was wir mit Müh und Not erworben haben, zu sichern, plötzlich entspannen und lockern. Dann fühlen wir uns leicht und glücklich. Eine leise Freude erhellt unser Gesicht und unser ganzes Wesen, und dies nicht, weil wir irgendeine chemische Substanz oder etwas, das von außen kommt, eingenommen haben. Nein, es ist etwas im echten Sinne Spirituelles. Es bricht aus unserem Inneren hervor als die Frucht der Harmonisierung all unserer Lebenszentren, der Chakras, dies vor allem, weil das Chakra des Hauptes gestärkt wurde. Der »Gottespunkt« im Gehirn wird in besonderer Weise aktiviert und ermöglicht uns die Wahrnehmung der Gegenwart des Geheimnisses um uns herum und in uns.

Das Fließen der universalen Energie und die Ausstrahlung des höchsten Lichts vermitteln ein Gefühl des Beschütztseins, des Geborgenseins in Gottes Schoß, der Vater und Mutter von unendlicher Güte zugleich ist. Ein solches Gefühl stärkt das Selbstvertrauen, das uns in die Lage versetzt, den Schwierigkeiten zu begegnen, mit denen jeder zu tun hat, der das Leben ernst nimmt und es verantwortlich lebt.

Die innere Freude bringt gleichzeitig auch die innere Freiheit hervor. Sie befreit uns von Ängsten und Furcht. Sie hebt uns aus dem Selbstmitleid empor und stärkt die Geduld mit uns selbst, in der existen-

ziellen Gewissheit, dass wir stets besser werden und wachsen können.

Angesichts der körperlichen und geistigen Gebrechen und Leiden dringt die universale Energie, die uns vollkommen umgibt, über den Pfad Gottes in uns ein und steigt in uns, ausgehend vom basalen Chakra, auf. Sie wirkt wie ein Vitamin, das uns stärkt, oder wie eine Medizin, die uns heilen und unsere Schmerzen lindern kann.

Wenn wir die universale Energie anrufen und bitten: *Veni, Sancte Spiritus* (»Komm, Schöpfer Geist!«), dann kommt das höchste Licht herab. Wir spüren emotional – nicht mittels der kühlen Vernunft –, dass wir in Gemeinschaft mit diesen höchsten Energien sind, die Ausdrucksweisen der einen und göttlichen Energie sind. Das Chakra des Herzens wird überaus gestärkt und macht es uns möglich, uns als Kinder zu empfinden, die in Gottes geöffneter Hand sind.

Dies ist die heimliche Quelle, aus der liebevolle Zuneigung, Achtsamkeit, Geschwisterlichkeit, Zärtlichkeit, menschliche Wärme, Begeisterung, Hingabe, Mitleid, bedingungslose Liebe und eine tiefe Ehrfurcht entspringen. Gott wird in uns geboren, so wie er auch in den Kosmos hineingeboren ist und ihn nach oben und nach vorne treibt, zu immer sinnerfüllteren und schöneren Gestalten – bis er in die Gott-Gemeinschaft und den Ursprungsquell allen Seins hineinfällt.

Unverdient und jedem nach seinem eigenen Maß

Jeder Mensch, ob Mann oder Frau, hat von Natur aus einen Zugang zur universalen Energie und zum höchsten Licht. Sie werden jedem aus freiem Entschluss und ungeschuldet angeboten. Selbst wenn jemand sie zurückweist und sich verschließt, hören die universale Energie und das höchste Licht nicht auf zu strömen. Dem Menschen ist es nicht möglich, sich völlig zu verschließen, so wie es auch nicht unserem Belieben anheimgestellt ist, ob wir Hunger haben oder nicht, ob wir sehen oder nicht, hören oder nicht. So ruht die universale Energie, die Kundalini, ja sie schläft, ist aber doch lebendige und knisternde Glut in unserer Körperbasis (der Steißregion), die jederzeit entfacht werden kann. Sie ist stets bereit, über die Wirbelsäule emporzusteigen und unsere vitalen Zentren zu beleben. Das höchste Licht leuchtet im Kosmos, in jedem Wesen und in jedem von uns, und es erleuchtet jeden Menschen, der in diese Welt kommt.

Doch es leuchtet jedem Menschen nach seinem eigenen Maß und so, wie es für ihn nötig ist. Niemand kann erzwingen oder fordern, dass das höchste Licht kommt, denn es bildet einfach einen Teil unseres Lebens. Was jeder von uns tun kann, ist, sich bereit zu machen, demütig zu bitten und sich immer mehr zu

öffnen, bis man in tiefe und radikale Gemeinschaft mit ihm eintritt.

Aufgrund der Tatsache, dass der Mensch komplex ist und unterschiedliche Lebenssituationen zu bestehen hat, braucht er mal mehr und mal weniger universale Energie. Besonders in kritischen Augenblicken, wenn sich die Probleme vor uns auftürmen, uns die klare Sicht nehmen und unsere Entscheidungsfindung behindern, können wir die universale Energie anrufen und uns dem höchsten Licht öffnen. Eine solch heitere Hingabe verhilft zu klarem Sehen. Sie hilft uns dabei, Prioritäten zu setzen und die Bedeutung einer jeden Situation zu erspüren.

Es geschieht nicht selten, dass mitten in der Meditation der zehn Schritte ein befreiendes Licht hereinbricht oder einem ein einleuchtender Gedanke, ein Hinweis auf einen neuen Weg in den Sinn kommt. Hier zeigt sich das Wirken des höchsten Lichts!

Es kann vorkommen, dass man nach längeren Zeiten der Meditation eine gewisse innere Wärme zu spüren beginnt. Manchmal kann dies auch eine leichte Kälte sein. Beides, Wärme und Kälte, zeigen die Gegenwart der universalen Energie, des Heiligen Geistes, an. Sie gehen vorbei, wenn wir die Meditation beenden und den Pfad Gottes wieder schließen. Die Kundalini zieht sich zurück, und nachdem sie mit ihrem flüssigen Feuer alle Chakras belebt hat, kehrt sie in Ruhe an ihren Ort, zum Grund unseres Wesens, zurück.

Der endgültige Höhepunkt: Die Rückkehr zum Ursprungsquell

Diese Meditationsübung hat auch den Effekt, dass wir die Angst vor dem Tod überwinden können. Je mehr wir uns an materiellen Interessen festklammern und je weniger wir uns um unser inneres Wachstum kümmern, desto mehr erscheint uns der Tod als der große Räuber des Lebens. Er entzieht uns langsam die Lebensenergie, er lässt uns altern und führt uns unaufhaltsam den Weg hinab, von dem es keine Rückkehr gibt.

Die Meditation des höchsten Lichts gewöhnt uns daran, mit der universalen Energie und dem Ursprungsquell allen Seins zusammenzuleben und zu kommunizieren. Die Einheit mit der universalen Energie ist so intensiv, dass nicht einmal der Tod sie zerstören kann. Sie bereitet den Menschen auf den großen Übergang vor, auf die Verwandlung, durch die er selbst Licht wird und in die universale Energie eintaucht. Wir werden im Mutterschoß Gottes sein: endlich zu Hause.

Schließlich ist der letzte Effekt der Meditation der zehn Schritte ein zunehmendes persönliches spirituelles Wachstum. Unser Bewusstsein erweitert sich auf das Unendliche hin. Unser ganzer Körper wird durch die Chakras belebt, die von der Kundali-

ni aufgesucht wurden, und er strahlt Heiterkeit und Frieden aus.

In der Umgebung des Menschen, der auf diese Weise ein spiritueller Mensch wird, entsteht eine Atmosphäre des Wohlwollens und der Liebe. Gott hat in jedem eine Wohnstatt gefunden, der sich ihm geöffnet hat, und er kam in Gestalt der universalen Energie. Und wo Gott ist, da ist die Quelle des Lebens, die Quelle von Sinn, Lebensfreude und dem ungestümen Willen, ihm von Angesicht zu Angesicht zu begegnen und in seinem mütterlich-väterlichen Schoß für immer Ruhe zu finden. Dann hat der Weg des Menschen sein letztes Ziel erreicht und ist zum Ursprungsquell allen Seins zurückgekehrt.

Schließlich werden wir nach einer langen und mühevollen Reise zur Ruhe finden, nachdem wir Etappe für Etappe den langen Weg der Evolution zum Reich der Dreieinigkeit genommen haben: zum Vater, Sohn und Heiligen Geist. *Am Ende werden wir im unendlichen Licht sein, und wir werden selbst Licht sein.*

Ich weiß: Ich werde kommen.
Auf jeden Fall.
Aber wie werde ich kommen?
Mit welchem Gesicht werde ich mich zeigen?
Und werde ich da überhaupt ein Gesicht haben?
Ich weiß nicht einmal, für wen ich nützlich war.
Ich hatte nicht einmal einen eigenen Plan,
den es zu verwirklichen galt.
Ich lebte und hörte auf Befehle.
Ich machte, was man von mir verlangte.
Ich habe nicht mich selbst gesucht.
Immer funktionierte ich für eine Sache,
die mein Fassungsvermögen überstieg.
Was für eine Sache?
Diese Frage stellte ich mir immer,
ohne eine Antwort darauf zu wissen.
Und nun, da ich vom Fragen erschöpft
und es leid bin, keine Antwort zu wissen,
entdecke ich mit Schaudern:
Die Sache warst du, mein Gott.
Ja, du warst es.
Und ich sehe: Ohne es zu wissen,
habe ich einfach
deinen unerforschlichen Plan erfüllt.
O unaussprechliche Freude:
Immer war ich
in deiner geöffneten Hand.

Leonardo Boff

Literaturverzeichnis

Betz, Otto, Perlenlied und Thomas-Evangelium. Texte der frühchristlichen Gnosis, Zürich 1985.

Boff, Leonardo, Spiritualität; unveröffentlichtes Manuskript.

Boff, Leonardo, Die Erde ist uns anvertraut. Eine ökologische Spiritualität, Kevelaer 2010.

Boff, Leonardo, Tugenden für eine bessere Welt, Kevelaer 2009.

Boff, Leonardo, Der Herr ist mein Hirte, Düsseldorf 2005.

Boff, Leonardo/Frei Betto, Mística y espiritualidad, Madrid 1996.

Hathaway, Marc/Boff, Leonardo, The Tao of Liberation. Exploring the Ecology of Transformation, Maryknoll 2009.

Jung, Carl Gustav, Psychologie und Religion, München 1991.

Luther, Hans, Ein Leben in Glück und Zufriedenheit durch das Öffnen der Gasse Gottes, Regensburg 1996.

Meister Eckehart, Deutsche Predigten und Traktate, Zürich 1979.

Teilhard de Chardin, Pierre, Le Cœur de la Matière (Œuvres, Bd. 13), Paris 1970.

Teilhard de Chardin, Pierre, Der Göttliche Bereich (Werke, Bd. 1), Olten 1962.

Thomas von Kempen, Die Nachfolge Christi, Kevelaer 2007.

Quellenverzeichnis

S. 14: Leonardo Boff, Was ist Spiritualität? © Butzon & Bercker GmbH, Kevelaer 2011, www.bube.de.

S. 34, 56/57, 74, 132, 142: Leonardo Boff, Der Herr ist mein Hirte: Psalm 23 ausgelegt von Leonardo Boff. Aus dem Portugiesischen übersetzt von Bruno Kern © Patmos-Verlag der Schwabenverlag AG, Ostfildern/Düsseldorf 2005, S. 69/70, 107, 50, 147, 149f.

S. 36: Pierre Teilhard de Chardin, Der göttliche Bereich. Ein Entwurf inneren Lebens, Band 1. Übersetzt von Josef Vital Kopp © Patmos-Verlag der Schwabenverlag AG, Ostfildern/Düsseldorf 1962, S. 155–156.

S. 36: Pierre Teilhard de Chardin, Le Cœur de la Matière (Œvres, Bd. 13), Paris 1970, S. 21. Übersetzt von Bruno Kern.

S. 60/61: Leonardo Boff, Tugenden für eine bessere Welt. Aus dem Portugiesischen übersetzt von Bruno Kern © Butzon & Bercker GmbH, Kevelaer 2011, S. 237/238, www.bube.de.

S. 76: Da gedachte ich der Perle. Thomasevangelium und Perlenlied (Reihe Klassiker der Meditation), eingeleitet und herausgegeben von Otto Betz und Tim Schramm © Patmos-Verlag der Schwabenverlag AG, Ostfildern/Düsseldorf 2006, S. 82.

S. 88/89: nach Marc Hathaway/Leonardo Boff, The Tao of Liberation. Exploring the Ecology of Transformation, Maryknoll 2009, S. 1. Übersetzt von Bruno Kern.

S. 92: Meister Eckhart, Deutsche Predigten und Traktate. Herausgegeben und übersetzt von Josef Quint © Carl Hanser Verlag, München 1966.

S. 92: Thomas von Kempen, Die Nachfolge Christi. Übersetzt und herausgegeben von Wendelin Meier © Neuausgabe Butzon & Bercker GmbH, Kevelaer 2007, S. 251, www.bube.de.

S. 105: nach Marc Hathaway/Leonardo Boff, The Tao of Liberation. Exploring the Ecology of Transformation, Maryknoll 2009, S. 129. Übersetzt von Bruno Kern.

S. 110/111: Komm herab, o Heilger Geist. Dt. Text: Maria Luise Thurmair/Markus Jenny © Verlag Herder, Freiburg i.Br.

D1723243